U0942376

衷心感謝我的母親Bertha Marion Liljedahl Anderson，

她是我的第一位師傅，也是最好的師傅。

奇夫·安德遜（Keith R. Anderson）

獻給我信仰旅程上的伴侶蘇珊（Susan），

她印證上帝在我身上的恩典。

蘭迪·利斯（Randy D. Reese）

師徒關係

屬靈路上拖與帶

奇夫．安德遜、蘭迪．利斯 著

李興邦 譯

▼

靈修著作精選

師徒關係

屬靈路上拖與帶

Spiritual Mentoring

A Guide for Seeking and Giving Direction

作者

奇夫．安德遜 Keith R. Anderson、

蘭迪．利斯 Randy D. Reese

翻譯

李興邦

審稿

陳永財

執行編輯

何敏璇

裝幀設計

莫可雅

■

出版 / 發行

基道出版社

香港沙田火炭坳背灣街 26 號富騰工業中心 10 樓 1011 室

LOGOS PUBLISHERS

Unit 1011, 10/F, Fo Tan Ind. Centre, 26 Au Pui Wan St., Shatin, Hong Kong

電話：(852) 2687-0331　傳真：(852) 2687-0281

網址：https://www.logos.com.hk

承印

海洋印務有限公司

●

版權所有．請勿翻印

© 2004 基道文字事工有限公司

10/2004 初版　9/2005 二版

Cat. No. LP615-2B

ISBN-10: 962-457-266-6

ISBN-13: 978-962-457-266-7

Original Edition " Spiritual Mentoring: A Guide for Seeking and Giving Direction"

Published by InterVarsity Press © 1999 by Keith R. Anderson and Randy D. Reese.

Translated and printed by permission of InterVarsity Press,

P.O. Box 1400, Downers Grove, IL 60515, USA.

Chinese Edition © 2004 by Logos Ministries Limited

ALL RIGHTS RESERVED

Printed in Hong Kong

刷次	13	12	11	10	9	8	7	6	5	4
年份	2031	2030	2029	2028	2027	2026	2025	2024	2023	2022

目錄

前言

我們都是活在一個對「為學問而學問」不存幻想的時代。當然在神學上，我們的渴望是，求取知識應該是為了上帝，或者確實能夠幫助我們更敬虔。在這本書中，兩位經驗豐富的牧職教師，在一個健全的神學基礎上，確立了屬靈導引的本質與實踐。因為耶穌基督是最卓越的師傅。祂的言行是一致的——具有轉化的能力！

他們正確地觀察到新約教訓的基礎，是需要一種「心的關係」（heart relationship），是遠超過單純的資訊（information）。我們在上帝面前必須有一顆敞開的心。如此才會開放我們對無限的渴望，是只有上帝才能滿足的，正如奧古斯丁（Augustine）在《懺悔錄》給我們的描述。然而我們也加入聖徒的團契，與「上帝的朋友」透過豐富的歷史傳統建立友誼。

本書的核心信仰十分清晰：基督徒的靈命塑造，和其他宗教形式不同，是一種建基於有恩典的三一上帝的個人實相（personal reality）上。這種靈命塑造只委託給耶穌的門徒，就是與其他（可能比較幼嫩的）基督跟從者並肩同行的人。書籍或許有幫助——否則這本書也毋須寫成！但這本書是供大家一起親身討論，而不是為了讓人單獨閱讀而撰寫的。因為當屬靈生命以屬靈友誼為中心時，屬靈師傅才發揮最大的果效。因此，請閱讀這本卓越的書，讓自己成為別人睿智的師傅；閱讀它也可讓自己知道，哪一類人最能夠幫助你成為上帝更親密的朋友。

這本書的實用性，是相當簡單但卻傳遞得很深刻。活在上帝愛的亮光，愛是祂神聖位格的本質，要求我們在基本的信靠或**信仰**——那是聖經十分重要的信息——還有親密關係、順服的靈、積極回應神聖的恩典、負責任，並所有其他我們認為合乎聖經的「公義」的事上成長。這樣我們才可以享受清教徒牧師羅伯·保頓（Robert Bolton）所說的「與上帝舒適地同行」。

各位讀者，這本書邀請你們與上帝進入更深的同行，成為藉祂的恩典得以自由地稱義的罪人。在屬靈師徒關係中享受新鮮、活潑的友誼。若你慨嘆生命中缺乏屬靈師傅，那麼**成為**別人的師傅吧！這本書會幫助你**成為**一位你渴望**成為**的人，就是更敬虔、更像基督的人。

侯士庭（James M. Houston）

序言

這本書得以完成，源於我們兩位作者的對話，我們分享彼此作為屬靈師傅的生命。蘭迪·利斯來自南達科他州蘇瀑布（Sioux Falls）北美浸信會神學院，奇夫·安德遜則在明尼蘇達州聖保羅市伯特利學院（Bethel College）任教。我們發現在我們不同的職任中有共同的思想與實踐，引領我們返回教會歷史中一些偉大的教師與作家的作品中。

我們用一個描述性的大綱作為這本書的開始。這個安德遜／利斯的屬靈導引模式（Anderson/Reese Model of Spiritual Mentoring），總結了我們透過自己的工作與研究、以及甘陵敦（J. Robert Clinton）那些富啟發性的建議所得出的見解。甘陵敦是加利福尼亞州巴沙丹拿市福樂神學院世界宣教學院的領袖學教授。

然而，本書最重要的價值是，當你付出時間浸淫在我們列出的嘉賓，就是那些經典靈修作家的作品與生平後，要回到這個大綱。我們希望這本書能給予更大的讀者羣，提供閱讀這些作品的入門指導。

我們十分感激侯士庭博士，他曾是溫哥華維真學院教授與院長，他給我們善意的鼓勵，並願意為這本書寫一篇有深度的前言。

舒理察博士（Dr. Richard Sherry）是伯特利學院的學系主任。在本書的幾個手稿中，他都細心地閱讀，糾正了許多語法錯誤。若本書還有任何語法上的錯誤，責任都在於作者。

蘭迪在北美浸信會神學院的同事及學生，藉著歡愉的鼓勵，藉著喝咖啡時提供批判性的反省，並藉著適時地提供空間，讓蘭迪專注於研究和寫作，幫助我們塑造這本書。奇夫在伯特利學院的師傅和學生，給予他恩惠，坦誠地對待他，觸動了他的生命。

安德遜／利斯的屬靈導引模式
（Anderson/Reese Model of Spiritual Mentoring）

屬靈導引的定義：

屬靈導引是師傅、徒弟與聖靈的三角關係，讓徒弟透過上帝已經臨在的作為，可以發現與上帝親密、作為上帝兒女的終極身分，並為國度責任發出獨一無二的聲音。（參第二章）

屬靈導引的特徵：

1. 一種促成與上帝親密、終極身分及獨一無二的聲音的方法。
2. 一條在徒弟生命中認出上帝已經臨在的作為的途徑。
3. 一個對品格塑造中的人格發展有果效的模式。
4. 一條在作決定時能夠明辨上帝指導的有效途徑。
5. 一份為信仰旅程而設，經歷史證明為有效的餐單。
6. 一個對職事上的臨界線和過渡時期有效的保障。

誰是師傅？

1. 一位為信任與親密關係創造賓至如歸的空間（hospitable space）的人。
2. 一位能夠在徒弟身上明辨上帝已經臨在的作為的人。
3. 一位能在別人身上認出潛能的人。
4. 一位有靈性經驗的人，得到別人肯定為擁有值得仿效的生命。
5. 一位尋求活出真正聖潔、靈命成熟、有聖經知識與智慧的生命的人。
6. 一位熟習默觀禱告、聆聽及其他屬靈操練的人。

誰是徒弟?

1. 一位渴望靈命長進與成熟的人。
2. 一位在分享生命中最隱密的課題時持開放態度的人。
3. 一位對師傅的指導積極回應和尊重的人。
4. 一位受教、順服、忠心和服從的人。
5. 一位渴望用自己的生命服事上帝的人。

屬靈導引過程的發展

吸引期：

我們定義「吸引期」(attraction)為師徒關係的最初建立。奧古斯丁向師傅所發出的挑戰：「用你的生活方式吸引他們。」為這個步驟設定了基調。主要成分包括：宣告你自己作為師傅的故事；藉著挑戰師傅認出有潛質的徒弟，基本上由徒弟開始這關係；以立約建立動機、次數、地點、形式、負責任、保密、評核和結束；需要避免的潛在關係。

關係期：

我們定義「關係期」(relationship)為培養信任與親密關係的賓至如歸的空間。在師傅創造的安全空間中，徒弟的生命會得到更有效的聆聽。主要的成分包括：尊重開放(vulnerability)和界限；把師徒關係看作友誼的發展階段，就是：選擇期(selection)、適應期(probation)、許可期(admission)、和諧期(harmony)；認識神聖的聆聽、神聖的看見和整全的聆聽的基本功用。

回應期：

我們定義「回應期」(responsiveness)為維持一種回應受教的靈。為了成長，徒弟必須甘心樂意服從師傅的指導。各種不同的禱告行動，例如：阿維拉的大德蘭(Teresa of Ávila)的《七寶樓台》和十架約翰(John of the Cross)的《心靈的黑夜》，都可用來培養積極回應的靈。

負責任期：

我們定義「負責任期」(accountability)為藉著師傅的協助，在恩典的練習中的長進。羅耀拉的依納爵(Ignatius of Loyola)用靈性操練來設定步伐，並分為：心的預備、心的美德、心的習慣和心的報酬。其他建議包括：可調適的殷勤之道、意向性及操練、想像力和明辨力；蓋恩夫人(Madame Jeanne Guyon)的經文禱告；發問的操練和靈閱(*lectio divina*)。

加力期：

我們定義「加力期」(empowerment)為一個人發現自己獨一無二的聲音，為國度事奉。這是從與上帝親密和作為上帝兒女的終極身分衍生出來的。徒弟在上帝的救恩故事中，發現自己獨一無二的聲音。基礎是建立在聖經之上，並得到經典的觀點確認。

第一章 效法的信仰

主說：跟從我的就不在黑暗裏走。
這是基督的話，
因此我們得到勸告，若我們要真的被光照，
並從內心的所有眼瞎中
拯救出來，
我們必須效法祂的生命和言談。[1]

湯馬斯·肯培（Thomas À Kempis）

基督教信仰是效法的信仰。一直都是如此。始自耶穌最早期的話語，就是向將要成為祂信仰學徒的男女宣講的，基督教就是一個代代相傳的信仰。基督徒必須把耶穌基督的生命，看為一個值得效法、獨一無二的典範，並持守著。「因此，耶穌永遠都是基督教靈性的吸引力源頭和富挑戰性的模範。」[2]

「跟從我」可能是基督教靈性遍及各處的最簡單描述，但這簡單並不是真實的。這簡單的命令設定了一個複雜的關係，透過這種關係，人為了上帝國度的緣故受到良好教導。

在一個熟悉拉比與門徒關係的世界中，有很多證據支持耶穌是一位教師。我們也非常了解耶穌是一位「門徒訓練者」。為教會的屬靈導引，耶穌計劃一個類似的策略，在我們稱為「大使命」中得到進一步闡明，祂希望所有門徒都成為萬民在信仰上的教師：

> 「所以你們要去，使萬民作我的門徒……凡我所吩咐你們的，都教訓他們遵守。」（太二十八19～20）

「要去的人」就是「跟從的人」：這是信仰的弔詭之處。教導的人也是受教的人。《效法基督》（*The Imitation of Christ*）是湯馬斯·肯培寫於十五世紀的動人作品，是給予所有門徒的異象。我們永遠都是學生；我們永遠都受教。所有聽見耶穌話語的人，首先是跟從，然後是出去，並教導其他人遵從，他們都站在一列悠長的門徒隊伍中。這個隊伍源於十二位跟從者，他們都是拿撒勒的拉比兼木匠耶穌精挑細選的。

耶穌給予他們的教導，與今天高等學府的授課截然不同。這種教導採納的關係和方式，對拉比和門徒、老師和學生、師傅和徒弟，都有不同的要求。耶穌的教導方式更像工藝大師指導年輕學徒，包含投資生命在學生身上的教學法，把所教導的信息體現出來。這種教導不是給門徒一些抽象的定義，而是讓學生活出、經驗、品嚐和接觸。耶穌不單花時間指導、訓練和宣告；祂更付出很多時間**建立一個羣體**（forming a community）。

他們的課室，就是汗流浹背地分擔工作，和一起在風塵僕僕的旅途中。在海邊，當他們手裏拿著蠕動、難聞和滑溜的魚兒時；在田間，當他們在酷熱的巴勒斯坦太陽下，在飄動的麥田中收割新鮮的小麥時；甚至在有人羣、街道、建築、士兵、市集，聲色犬馬刺激下的城市中——他們總是在學校裏，總是成為一個祂稱為門徒的學習羣體。祂對他們說：「跟從我。」在祂這個呼召的簡單話語中，回蕩著一個充滿意義的世界。甚至「呼召」的語言，也跟耶穌選擇、培育和發展門徒親密圈子的策略大有關連，祂給予他們獨一無二的權柄，教導下一代的跟從者。

偉大的基督教護教者兼宣教士大數的保羅，清楚明白這種獨特教育的效法性本質，因為他在帖撒羅尼迦前書一章6至7節說：「並且你們在大難之中，蒙了聖靈所賜的喜樂，領受真道，就**效法**我們，也**效法**了主。甚至你們作了馬其頓和亞該亞，所有信主之人的**榜樣**。」

保羅思想的另一個例子可在提摩太後書二章2節找到，在那裏，我們讀到他的命令：「你在許多見證人面前聽見我所教訓的，也要交託那忠心能教導別人的人。」

後來，在使徒行傳，一位稱為腓利的人，成為所有屬靈師傅的主保聖徒。他靠近一位大臣，一位在閱讀聖經時感到困惑的人。腓利的問題是以師傅認識的最簡單形式提出：「你所念的你明白麼？」這位埃提阿伯朋友的反應，正是對導引的呼求，也是每位希望在基督教信仰中進深的人發出的呼求：「沒有人指教我，怎能明白呢？」（徒八30～31）。約翰壹書中（根據畢德生〔Eugene Peterson〕的*The Message*翻譯）說：「這是確定我們在上帝裏面的惟一方法。任何人宣稱與上帝親密，都應該活出耶穌那種生命。」（約壹二5～6）

換言之，靈命塑造、心的教育，需要比傳統西方教導的形式更多的東西。需要的是一種心的師徒關係，一種與老師的生命建立的關係，能夠傳遞老師從自己忠誠的師傅所學會的，一種經過塑造，而不單是得到指導的生命。需要的是一種由人分享的生命，他們學會用自己的方式唱出屬靈音樂。心的教育需要學會釋放想像力，準備耳朵來聆聽，全神貫注地觀看；也需要一顆開放的心。

我們主張拉比——門徒的關係，若只從老師——學生或領袖——跟從者的關係來理解，是不足夠的；但若用屬靈師徒關係的描述性語言來理解，便會豐富得多。我們身為作者的共同觀點源自我們共有的呼召，就是在高等教育學府，在學院和神學院教導學生。我們工作的全部時間，都是為了一個使命：為上帝的國度教育別人。我們認識到，若沒有刻意的屬靈導引，這種教育就不會完全。當我們挑戰學生跟從耶穌時，敢於說：「效法我，正如我努力效法耶穌；跟從我，正如我努力忠心地跟從祂。」我們敢於這樣魯莽，因為我們的前輩曾經在我們的生命中敢於這樣大膽。我們的生命曾經深深地受到那些教育家影響，他們雖然不都是「教師」，但肯定都是師傅。他們包括父母、家人、同工和靈友。

渴慕更多

每個基督徒都會生出一種對屬靈導航的渴慕。我們都想知道通過冒險生命之旅的航道。我們都想知道可以怎樣到達旅程的終點。我們都想要一張地圖或圖表，引導我們的路。然而有一種嚮往，不是個人學習、禱告和崇拜這些一般的食物所能滿足的。那是一種對更多的渴慕，一種不可能定義或闡釋的「更多」，那是渴慕認識「更深的生命」或「成熟的信仰」或「屬靈的能力」的豐富。有些時候，為要滿足我們的渴慕，我們只嘗試增加我們的敬虔操練，藉著閱讀更多和工作更多；但卻發覺渴慕仍然得不到滿足。在另一些時候，我們求助於最新的技術、書籍、錄音帶或研討會，盼望能滿足我們對更多的渴慕，但仍然徒勞無功。我們體會到自己需要幫助，在這段旅程中我們不能孤身上路。我們學習聆聽師傅的聲音，不是像絕對的專家那樣，擁有著最終的權威，而是更像以前曾經走過這段路程的人，有明智和明辨的見解。

奇夫首先意識到這點時，還是大學二年級的學生：

> 那位教授知道一些我不知道的事情，雖然那並不需要豐富的學問，在我生命中，我首次注意到

這一點，並想認識一下他這樣興致勃勃地享受著學問，在其中找到充滿喜悅的和諧。他對研究美國歷史的愛好在我的心靈中留下回響。這種愛好最終也成了我的興趣。在我的生命中，我首次感覺到，心靈的音樂可以如此美麗。他成了我生命中少數幾個人之一，能夠帶來無法量度或向別人描述的衝擊。我們必須用個人經驗的耳朵來聆聽。後來他也成了我的屬靈師傅，一把給我屬靈鼓勵的聲音，一位使我在可怕的（對我而言）牧職世界中萌生嘗試事奉的意願。我當時完全察覺不到他所做的，但現在我彷彿看見一個告示牌，上面用八呎大字寫上明顯的事：「這人把自己投資在你身上；他付出自己一部分生命和時間，培養你的靈性；他釋放你的心思，令你渴慕更多。」

一位神學院教授更直接——他讓我知道有些工作必須完成，為要裝備我投身牧職的生命，在我剛冒起的領導能力中，他會是其中一位可以幫助我建立基礎力量的人。因此我們持續三年的時間，差不多每星期都見面。他經常重複的問候語是：「你需要來見我！」雖然現在我們的談話內容已經不同了，但我們仍然經常見面。當我更專注地聆聽聖經的文化和真理時，他教導我聆聽在自己生命中回響的真理。

蘭迪與一位睿智的屬靈師傅最初的相遇，是在他分辨自己全職事奉的呼召的開始階段：

撇下我在加拿大北部作為熟練電工的日子所用的工具箱，與另外十七人越過北美洲，參加一個與教會有關的事奉隊伍，似乎是一次勇敢的冒險旅程，藉以分辨我是否真的蒙「呼召」擔任牧職。雖然我滿足於作為一個電工來服事上帝，但在我的信仰旅程中有一種不容否認、對更多的渴慕。在服事別人時，我開始瞥見一線希望，或許我也可以「捨了我的網」，以全時間事奉來跟從基督。然而，當過去的回響令我確定自己有各式各樣的弱點，而且我也發現，自己對這種任務沒有適當的技能和天賦時，這個希望很快便幻滅了。還是與魚網為伍好了——對我來說，則是電工的工具箱。

我格外仰慕約翰，因為他有能力為交給他領導的人製造空間。約翰不是那種只會提供大量意見的人，但他有一種不可思議的能力，能夠幫助你聆聽自己的生命。在約翰為我創造的賓至如歸和安全的空間中，我開始聆聽自己的生命，是以前從未嘗試過的。好像祭司那樣，他聆聽我生命中一個又一個的故事。我知道這些故事肯定了我的軟弱，使我在牧職上不能成功。使我驚訝的是，約翰不同意我對自己的觀感。他也沒有規定我進行更多禱告、更多聖經學習或更多服事作為懺悔。相反，他只是引領我辨認出，在我的生命中，上帝奇妙恩典的紗線，編織成一個與別不同的繡帷。約翰幫助我看到，我有一個與別人分享的故事——我的故事；並有一首要唱的歌——我的歌。那些我眼中的軟

> 弱，很快便變為剛強，我會從中發現上帝已經賜予我獨一無二的聲音，可以為了上帝的國度效力。

在我們自己信仰的旅程上，這些人幫助我們聆聽我們自己不能聽見的東西。我們對更多的追求，需要他們幫助我們更進一步，是我們自己不能做到的。他們的聲音幫助我們發現賜給我們力量的真理，就是上帝已經在我們生命中作工，邀請我們建立更親密的關係，成為祂所愛的兒女；並給我們力量，發現我們自己獨一無二的聲音。這正是透過屬靈指導，開始我們所謂的羣體或"*Koinonia*"（編按：希臘詞，意思為團契或共融）。這就是發現在我們裏面開始脈動，直至我們看見成長的關鍵時刻，某程度上倚靠那些我們選擇花時間和他們一起的人。我們需要付出時間和那些知道我們最需要甚麼的人一起，他們的流暢（我們聽起來如此）使我們痛苦地意識到自己的淺陋，並渴慕知道那些在我們口中的文字有甚麼味道。

學習信仰的語言

正如我們學習一種新語言，最好的方法是浸淫在說這種語言的文化中；因此，我們相信靈命塑造的最好方法，就是浸淫於以內心和經驗活出信仰的文化中。我們在年老水手生活的碼頭流連。我們觀察他們在船上的生活，並學習航海的語言，他們運用這些語言，就好像運用母語一樣容易。我們聆聽他們的故事，學習屬於海洋遺產一部分的知識。聆聽他們活力充沛，熱情地講述他們深愛的事物，實在無可比擬。

你可以獨自坐在房間、背誦文法、熟記生字卡，藉以學習一種外國語言；但你永不會知道，那種語言在你口中的豐富滋味，除非你聽見有人用這種語言說話，他們愛這種語言，並在豐富的生活體驗中流利地說出這種語言。最深刻地培養我們信仰生活的途徑是，花時間與經驗豐富和睿智的師傅一起，他們可以幫助我們發現真道，閱讀信心偉人的故事，他們比我們更早加入基督的身體中。

反省問題

此時用片刻看看自己的生命，並問：

- 誰曾創造一個安全的空間，讓我可以講述自己的故事？
- 誰曾作過我的師傅？是否一位牧師、老師、權威人物或父母、朋友或同輩呢？
- 在我生命中，誰的「信仰之歌」最有力地響起？
- 誰的生命是我渴望效法或仿效的？

不一樣的心靈師傅

「個人」或「位格」（person；拉丁文是*persona*）一詞源自希臘文"*prosopon*"，這是十分重要的。這個詞可譯作「面對面」。換言之，當一個人站著面對面，轉向另一個人，和對方談話，在關係中時，他或她便是一個人。對比起來，「個體」（individual）一詞在「個人」一詞後數世紀才發展出來，源於拉丁文"*individuus*"，即「不可分割」。這些衍生詞給我們提供重要線索，明白我們怎樣成長。我們是人，面對面，在羣體中不是分開的個體；我們是在羣體中的人，需要別人引領我們達致靈命成熟。我們在羣體的處境中發現自己的身分。我們聚在一**起**，得到別人的幫助時，學習得最好。

再想想在你自己生命中的智慧聲音，那些和你面對面相遇的人。他們是否包括一些不大可能的聲音，那些只受過最少教育，似乎最沒有資格教導你生命的深度的人？不是所有我們生命的老師或師傅，都視自己為塑造靈命的教育工作者。

當奇夫還是年輕的大學生時，在他工作的貨運碼頭卸貨區大樓內，每天都會遇見那個男人：

> 他的名字叫卓克（Chuck），我們兩人的背景極不相同。我是一個年輕人，正踏上「高等教育」（若目標是建立人的話，這便是一個自誇的詞語）的青雲路；他則快將退休，而且只受過八年學校教育。我屬於受到優待的中產階級；他卻不是。我是白人；他是非洲裔美國人。我成長自芝加哥北部城市和近郊，他卻成長自南部的鄉間。他是個門房，整天的工作就是清理「重要」人物的廢紙簍，並為這些忙碌和有影響力的人物拋棄垃圾，這些決策者的決定，左右著整間公司的命運。但卓克卻有些令我珍惜的地方——源自他的信仰和人生經驗的尋常智慧。他是一位智者、一位先見、一位睿智的人，幾乎比所有我從那時開始認識的人，都更能看透生命。我們經常彼此坦誠分享，當我們在碼頭見面，上我的智慧「課堂」時，他教曉我許多東西。他沒有計劃要教導我，更沒有打算導引我，但他兩樣都做到了，因為在他的心靈中，他是一位老師和

> 師傅，在北部城市以他的南部口音，發出他智慧的聲音。對於我往後接受的神學教育，他的話沒有加增任何資料，但直到今天，那些話仍然不斷塑造我這個人。

你自己與許多不一樣的聲音，面對面接觸的經驗也塑造你，他們的信仰曾經導引你的信仰，他們的智慧曾經與你分享，你曾經聽過他們的明辨，最重要的是，他們的說話曾經幫助你好好聆聽自己的生命。在本書我們邀請你把屬靈導引看作一項給予每個人的職事，無論是在我們的家庭、在我們的友誼、在我們的教會、在我們的職業並在所有我們出沒的地方。屬靈導引實在太重要了，不應只交在少數有專業資歷或文憑的人手中；培育靈性是屬於所有受洗的人，屬於可見的教會，屬於所有信徒的祭司職事。

如雲彩的見證人

耶穌的教導、門徒訓練或導引方式，是否只適用於教會歷史上一個特定時空的短暫需要呢？我們認為不是。我們相信屬靈導引在整個歷史上是給予教會的。方式可能不同，模式可能改變，但每個忠於信仰的人都渴望有一位師傅，作為自己旅途的良伴。

今天我們需要聆聽過去的聲音，這些聲音喚起而不是解釋，提示而不是指示。他們提出**邀請**（invitation）和**引介**（initiation），我們獲**邀請**（invited）參與他們與歷史的對話，那歷史是所有跟從耶穌的人共有的。事實上，作門徒就是透過站在一列長長的隊伍後面，在我們前面的人，在我們以先跟從耶穌。因此我們獲**引介**進入這見證人的家庭，他們在我們之前已經走過這條路，在某種神祕意義下，甚至現在仍然觀看著我們。這些就是希伯來書描述的「如雲彩的見證人」。戴利亞（Elizabeth A. Dreyer）稱為「死人的活信仰」。[3]

愛德華茲（Tilden Edwards）選取的描述性詞語，顯出我們極度需要留意我們共有、歷史性過去的聲音。「基督教傳統是經**活出**（lived）和**試驗**（tested）的經驗，並由一個多元的羣體，經歷不同時代的**反省**（reflection），透過耶穌基督的譜系，藉著**委身**（commitment）朝向生命的目標和方向聯合。」（本段的粗體字是作者加上的）[4]這四個詞語描述了整個過程：**活出**、**試驗**、**反省**和**委身**。

今天的教會普遍存在一個重大危機，就是對歷史的健忘症。若事情屬於當代、由電腦驅動或即時見效的，我們就趨之若鶩，興奮莫明。可能問題就在這裏——我們因時尚和潮流而興奮，卻忘記了我們作為基督身體這個身分。過去的經典的聲音，呼喚我們回到這個基本身分。

甚至「**經典**」（classical）一詞也包含不同意義。對某些人來說，它是指一個較早的「古典」時期的音樂，那時交響樂是標準的音樂。對另一些人來說，它指的則是十至三十年前，搖滾樂的「黃金」時期。不過，我們卻擁有一個經典基督教著作的豐富金礦，這些著作曾經**活出**，經過**試驗**，由一個多元的羣體，在不同的時代加以**反省**，並**委身**於耶穌的生活方式。它們才真正配得「經典」思想這個稱號。

跟從耶穌的意思就是跟從這些過去的良伴，因為沒有人是單獨接受信仰；我們接受信仰，是跟從那些先前跟從別人的人。希伯來書十二章稱這些過去的特別良伴為「如雲彩的見證人」，喚起奧林匹克運動場的景象，疲乏的運動員得到以前參加奧運會的選手喝采。那些正在參賽的人，現在受到觀眾席上見證人的鼓掌、喝采和鼓勵，他們先前的比賽激勵了今天的選手。希伯來書中列出的名字，形成一份跟從耶穌男女的值勤名單，他們的生命導引著歷世歷代的信徒。但請看看這些信仰上的健兒。他們都並不完美，曾經失敗和跌倒，但同時也是大膽、勇敢、忠心和剛強的。我們不敢尋找完美的信仰模範，或者幻想自己很快便會達到我們心目中的完美標準。相反，我們學習聆聽如雲彩的聖徒那些相當人性和不完美的聲音時，會發現自己的心靈得以自由成長。

過去的良伴

除非我們聆聽過去良伴的聲音，否則我們自己聲音的音色不會那麼圓潤，低音不會那麼深厚，回聲不會那麼嘹亮。事實上，除非我們聽見過去的聲音，否則我們不可能會真正聽見「道」，因為正如保羅用精確和經濟的措辭表達那樣，過去給予現在一種聖禮的能力：「我當日傳給你們的，原是從主領受的（*paralambano*），就是主耶穌被賣的那一夜，拿起餅來，祝謝了，就擘開，說，這是我的身體，為你們捨的，你們應當如此行，為的是記念我。」（林前十一23～24）

保羅強調哥林多教會必須明白那偉大的「領受原理」（*paralambano* principle）：「我當日**傳給**你們的，原是從主**領受**的。」）"*Paralambano*"是一個專門術語，表達將傳統從一個人傳遞給另一人，從過去傳遞到將來，從最早經歷那始初經驗的信徒，傳遞給那些在記念中繼續經歷這經驗的信徒。在我們生命中領受的時刻，我們聽見過去良伴的回音，或多或少在我們生命中創造聖禮的時刻。在接受和傳遞信仰的傳統時，恩典傾進共同的現在時刻。

鶴健士（Gerard Manley Hopkins）形容神聖是「事物深處那最親愛的新鮮。」[5] 在聖餐的屬靈奧祕中，餅成了與基督一起的活生生經驗；因此過去的傳統，成了今天教會活生生的恩典。杯成了復活基督活生生的經驗，導引成了此刻的傳遞者。我們從主領受我們所學的，然後把主現在有能力的道傳遞給別人。

過去在下一代信徒的生命中重新記念（re-membered），同樣的情況在再下一代中出現。這就是聖經保存一個活的歷史信仰的方法。布格曼（Walter Brueggemann）說：「任何羣體若要延續超過一代，都必須重視教育。」[6] 但要維持一個羣體的生命，並在下一代創造一個信仰羣體，需要一種很特別的教育；那是心靈的教育，塑造靈命的屬靈導引。

屬靈指導是歷史悠久的靈命塑造方法。初期教會已非常重視和小心發展屬靈指導工作。還未有主日學、基督教教育、教義問答或查經班這些課程前，已經實行導引，有如雲彩的見證人將信仰生命的真理和能力傳遞給下一代。有時採取一種稱為屬靈指導的特殊形式。只要粗略地一瞥初期基督徒的評論，也會發現他們對把「從主領受的傳遞下去」的委身和實踐：拿先斯的貴格利（Gregory Nazianzen，三三〇至三八七）告訴我們，「指導是最偉大的學問。」奧古斯丁相信，「沒有嚮導，人就不能行走。」[7]

屬靈指導通常與修道運動拉上關係。人們相信，修道運動是由安東尼（Anthony）創立的，他死於公元三五六年。第四和第五世紀的沙漠隱士認為，屬靈導師有如父親，透過禱告、關心和牧養關懷，幫助塑造兒女的內在生命。後來西方教會的貴格利（Gregory）說：「管治心靈的藝術是藝術中的藝術。」[8] 十四世紀的錫耶納的凱塞琳（Catherine of Siena）成了一羣朋友的屬靈導師，她稱這個羣體為「友伴」（*bella brigada*），她寫了許多封信指導他們。屬靈指導涉及男與女、牧者與平信徒、受過教育的人與文盲、年輕與年老的人。

耶穌會士尚·高盧（Jean Grou）在一七三一至一八〇三年間寫的作品，可以作為內在心靈的手冊。他說：「指導心靈就是在上帝的道路上引領它，教導心靈聆聽神聖的感動，並作出回應。」[9]

雖然屬靈指導的語言並不是更正教詞彙的主要部分，屬靈引導一直都是更正教屬靈實踐的一部分。慈運理（V. Zwingli）勸告基督徒應該單獨向上帝懺悔，但若需要的話，基督徒應該尋求睿智輔導者的指教。約翰·加爾文（John Calvin）被稱為「心靈的導師」。巴克斯特（Richard Baxter）在一六五六年寫給清教徒的信中，列出需要特別關注的四類人：不成熟的、有某種敗壞的人、倒退的基督徒和健壯的基督徒。他表示最後一類最需要關懷。

歷代以來，基督徒羣體都實踐屬靈指導。屬靈指導雖然並非總是靈性的核心，但對部分人來說，它對靈命塑造一直都是必需的，在人們生命中的靈性發展上，屬靈指導的實踐有一段悠久與崇高的歷史。我們當然可以用許多複雜和難懂的方法來定義靈性（Spirituality），但我們希望從號召教會聆聽自己的心跳開始。屬靈師傅努力在學生和徒弟的生命中培養的靈性，究竟是甚麼呢？

學習在每件事上留意上帝的臨在

當我們留意街角的停止標誌時，我們認真地看待它，並因為它存在而改變自己的行為。我們看見它，我們注意它，然後我們據此調整我們的生活方式。靈性是實踐性的：每件事物都可以視作神聖的載體。事實上，當有上帝的臨在充滿時，時間和地點的日常載體都會變得神聖。所以，靈性本質上就有強烈的聖禮性質。我們明白，上帝的臨在不限於神聖的事物；相反，上帝的恩典透過平凡事物傳遞。它是經驗性而不是抽象的。正如一句古老俄羅斯諺語所說：「每天都可以成為上帝的報信者。」

所有信徒都渴望自己的生命浸淫在神聖中。例行公事乏味的疼痛，使我們對發生在我們身上的神蹟毫不感到驚訝。鶴健士寫道：「世界充滿了上帝的偉大。」[10]換言之，對上帝的經驗存在於我們周圍的世界。我們的世界充滿賜予恩典和引起驚訝的時刻。耶穌在傳道初期時說：「天國近了」（太四17）。祂宣告天國近了、臨在、是歷史性的，雖然未完全，仍然有待完全實現。愛爾蘭詩人葉慈（W. B. Yeats）視真理為同樣堅固和實質的東西：「上帝保守我免陷入人的心思中／僅在思想中；／高唱永恆之歌的祂／在骨髓中思考。」[11]

泰萊（Barbara Brown Taylor）講述她年幼時，因為聽了一篇講章，眼睛馬上變得明亮，看見上帝的光。她的話表達了解靈性的實際含義：

我朋友的話為我改變了一切。我不能再用同樣的方式看自己的生命，哪怕是最微不足道的細節。那天崇拜結束，我走出教堂，進入由上帝使人著迷的世界，我急不及待要尋找更多在地若天的線索。每一片樹葉、每一隻螞蟻、每一塊閃亮的石頭都呼喚我——懇求我觀看、聆聽、觸摸和研究。我成了追查神聖的偵探，為上帝的天才搜集證據，並讚賞留給我跟從的軌迹。」[12]

屬靈導引包括一個聆聽別人生命的過程，然後教導別人張開眼睛，看清真相——每處地方——教導他們成為追尋神聖臨在的偵探。

這本書為誰而寫?

- 為渴望尋找屬靈師傅和需要幫助的人而寫。
- 為已應邀成為屬靈師傅並需要幫助的人而寫。
- 為在信仰之旅上渴慕更多的人而寫。

我們同時寫給師傅和徒弟，問一個重要及重大的問題：人的靈命怎樣透過師徒關係得到塑造呢?我們稱這本書為《師徒關係》，因為我們發現在靈命塑造這件終生的工作中，與屬靈師傅建立關係是取得進步的最好方法之一。我們深信在創新地留意走在我們前面的師傅時，上述的問題就能迎刃而解。我們邀請你一起創新地與一些在屬靈導引這個領域中最好的聲音交談。你可以想像自己安坐下來，手中拿著一杯咖啡，和這些聖經、歷史和當代的人物創新地談論信仰。

但以理書十二章3節輕輕地提示，師傅的角色多麼受到重視。那裏把指導人們實踐公義的智慧聲音，比喻為天上的繁星：「智慧人必發光，如同天上的光，那使多人歸義的，必發光如星，直到永永遠遠。」

在這本書中，我們的基本目標是為當代的屬靈導引，建議一個建基於歷史的異象。我們的核心信念是，當門徒跟屬靈師傅「學藝」，師傅和上帝的聖靈結成夥伴，一起培養門徒的靈性時，靈性塑造會發揮得最好。

我們首先寫信給師傅，再寫給徒弟。我們希望同時可以激勵和挑戰他們。這兩封信的用意是鼓勵他們同樣面對現實，也是這本書部分內容的撮要。

作者寫給準師傅的信

有人要求你成為別人的師傅。在靈命塑造的旅程上與弟兄姊妹並肩同行，那份榮譽的寶貴是生命中少有的。若你感到恐懼，懷疑自己能否肩負這職分，便正好表示你已作好準備，並可能符合資格，因為師傅的職事始於謙卑。你可能感到十分不配，並可能會驚呼：「我是誰，竟然可以作別人的榜樣？我知道自己有甚麼缺點和失敗、有甚麼矛盾，我知道得太清楚了，而且我裏面的激情，既源自不聖潔，同時也有聖潔的時刻。但我仍然為這個機會而感到喜悅——或許我可幫助這位朋友聆聽生命。我知道我可以問一些相關的問題，幫助這位朋友予以思考。」

探查你的動機：你為甚麼願意接受這個進入別人生命的角色？若是出於渴望有權管轄別人，也許你要再想清楚。導引不是為你；是為別人。若是出於渴望用你發覺有用的方法來指教和指導別人，也許你要再想清楚。導引不在於講述，而是在於聆聽——聆聽聖靈和別人的生命。若是出於渴望在別人眼中有身分或地位，你便注定會失敗，因為導引是扮演僕人的角色。有時確實包含指教、導引和分享智慧，但導引主要是明辨，和學習辨認上帝在別人心中已經臨在及其活動。

屬靈導引是獨特的關係，因為它邀請許多人加入談話的圈子——聖經與教會傳統過去的聲音、老師與睿智的嚮導現在的聲音、聖靈和你徒弟內心的聲音。若你的需要是為自己製造一個複製品，要記得造出每片獨一無二的雪花的上帝，同樣造出每個獨一無二的人。你的經驗屬於你自己獨特的歷史；不要將它強加於別人，只要讓上帝塑造他，正如上帝塑造與別不同的你一樣。

你能否創造一個賓至如歸的安全空間，讓徒弟可以除下生命的面具，以便發現真誠交談的自由？你能否實踐保密的屬靈操練，使你可以保障你朋友的尊嚴和創傷？你可能要忍著不說失敗、掙扎、不信、疑惑、喪志、失望、破碎、不足、疏忽和過失這些話。你可能有會傷害或幫助朋友的資料，但卻不能分享，除非得到他們許可。你是否值得信賴，正如你渴望信賴自己的屬靈師傅一樣？

若你要求精確、秩序、循序漸進和謹慎地前進，你必定會痛心地失望，因為屬靈導引是雜亂的，因為生命就是雜亂、無序和隨意的。偉大的司儀可能在後台工作，正如魯益師（C. S. Lewis）在《四種愛》（*The Four Loves*）中預見那樣，但舞台中央的戲劇往往都是紛亂、未經綵排和混亂的。正常生活的騷亂可以使人心煩和沮喪，但正是在這樣雜亂無章中，秩序會意想不到地出現，計劃會驅走隨意。

屬靈導引需要時間的投入。你們需要花時間一起聆聽生命，留心神行動的節奏；也需要花時間單獨聆聽生命，讓彼此在深思的空間中相遇。你能夠為你朋友付出時間嗎？有些日子，屬靈導引似乎只是在靜默中浪費一兩小時。談話的內容往往只是關於小事而非大事。步伐往往是深沉和緩慢的。過程有時是斷斷續續的，因為在反省的談話中有很多沉默的空間，但在這樣的時候，心靈卻得以自由地歌唱。

你已應邀和別人一起走過日常生活的歲月，期間凡人的眼睛有時不能立即看到上帝，所以才需要你，幫助你的朋友留意。他們會看見甚麼？為了發展你朋友生命中不斷展開的故事，你要留意三個基本的主題或加力的方式：與上帝的親密關係，作為上帝所愛的兒女這個終極身分，為國度肩負責任的獨一無二的聲音。我們所做的一切都是在這三條定義性問題的範圍內，這些問題就是整個聖經歷史所有問題的基礎，也是你作為屬靈師傅的路標。我們可以用一個簡單的方法記憶這三條問題，就是透過使用三條典範性問題：

- 上帝是誰？
- 我是誰？
- 我怎樣用我的一生？

作者寫給尋求師傅者的信

你即將出發，為你的成長踏上充滿可能性的旅程。你已經仔細考慮你的渴望：找一位屬靈師傅作為嚮導和靈友。你發覺自己提出一些問題，反映你在信仰的旅程上渴慕更多。或許知道沒有通用的「步驟」可以跟從，對你會有幫助，因為這是一個睿智的明辨過程，而不是依從一本指南。你會希望以禱告開始，為可以找到師傅作為靈友陪伴你而尋求上帝幫助。等候上帝指示你一個名字、一間教會、一位朋友或一個羣體。或許牧師、教會或其他朋友，可以為你介紹願意和準備好作屬靈師傅的人。當你開始自信能明辨上帝給你的指導時，便採取行動，並照你的明辨去做。

但你也需要知道，這是一個在屬靈上相當危險的時刻，你必須留意警告旗幟，有如船上的水手留心暗礁時那樣著緊。你已得到導引，接受一位你認定是可以信賴的人，一位正直和睿智的人，一位你相信的人。你的試探是把這人看作提供答案的人，而不是一同分享、提供解決方法或提出供你思考問題的人。你的師傅是凡人，而且並不完美。若你不是這樣相信，就會賦予你的朋友超乎常人應有的屬靈權威。

這段時間讓你評估**自己**有多願意與別人分享你的旅程和其中的許多故事，而對方有可能羞辱你、傷害你或使你尷尬。屬靈導引需要冒險，因此在選擇過程中必須謹慎。不要匆匆忙忙地尋找師傅；寧可等候上帝的靈指示你找一位上帝已經為你揀選的人。然後盡你所能付出所有的準備、開放、願意、好奇和回應，因為這就是你對自己靈命塑造過程的最大貢獻。

你需要準備接受沉悶，成長通常不是快速，而是有深度；不是步伐匆忙，而是深思熟慮地走；不是以櫃員機或即食早餐，而是以創造的方式進行，明白需要忍耐等候。若你尋找即時的結果、快速的改變和迅速的更換，你應該去購物商場，在那裏，這些東西會售給容易受騙的人。靈性不是快速和容易的，因為靈性是參與生命本身的學習過程，得到豐富的培養和滋潤。心靈的穩固根基產生平靜安穩，但我們文化的衝動卻產生漂浮不定這個普遍的特徵。心靈塑造的事需要沿途有意識地停頓，為要觀看和聆聽、驚奇和細想、默觀和反省。

最後，我們想提醒你，擺在你前面的工作要求你培養一顆開放的心。當上主要實現所羅門一個願望時，所羅門求的是"*lave shemiah*"，這個希伯來詞語通常譯作「智慧」，但也有「開放的心」之意。要成為有效的師傅必須學習聆聽。要得到有效的導引，必須同樣好好地培養一顆開放的心，並且誠懇地渴望「心意更新而變化」(羅十二2)，「飢渴慕義」(太六33)，聆聽上帝的聲音，一次又一次，日復一日，一再重複，直到你能夠用新的耳朵全新地聽見上帝的聲音，用新生嬰兒的眼睛看見上帝的作為。

在你的生命中不斷展開的故事，有三個基本主題或加力需要發展：與上帝的親密關係，作為上帝所愛的兒女這個終極身分，為國度肩負責任的獨一無二的聲音。我們為靈命塑造的工作所做的一切，都是在這三條定義性問題的範圍內。我們可以用一個簡單的方法記憶這三條問題，就是透過使用三條問題：

- 上帝是誰？
- 我是誰？
- 我怎樣用我的一生？

嘉賓名單

為要讓你更好地聆聽你的生命，我們會講述七位男女的故事，闡釋他們的生命，他們有許多地方值得我們學習。在整本書中，他們都會成為我們談話的夥伴及師傅。

奧古斯丁（Augustine）是四世紀一位非洲修道神學家，他的開放坦誠，為那些在自己的旅程上，尋求反省恩典的人帶來盼望。

瑞沃爾士的伊爾雷德（Aelred of Rievaulx）是十二世紀一位屬靈友誼的模範，他對師徒關係的清晰表達，可謂前無古人，後無來者。

諾域治的茱利安（Julian of Norwich）是十四世紀一位英國婦人，她的導引職事與上帝產生強烈的親密。這種親密從她的真我流露出來，而不是由專門的職責或職位使然。

羅耀拉的依納爵（Ignatius of Loyola）是十六世紀一位信徒，他的使徒式影響力在屬靈導引中表現出來，藉此他發現了為了服事上帝而有的長進、成熟和明辨力。

阿維拉的大德蘭（Teresa of Ávila）是十六世紀一位西班牙婦人。許多人尋求她作屬靈師傅，他們都渴望在自己生命中更深地感受上帝的實在。

十架約翰（John of the Cross）是十六世紀一位知識分子，他的導引指導許多人經過心靈的黑夜，邁向與上帝更大的聯合和親密。

蓋恩夫人（Madame Jeanne Guyon）是十七世紀一位法國寡婦，許多被宗教網羅束縛的人，因為尋求她的屬靈導引，而得到真正的屬靈自由。

驟眼看來，這些信仰的師傅似乎已經過時，而且肯定不能與當代基督徒的信仰問題一樣流行。不要被愚弄，因為他們珍愛自己靈命塑造的過程，他們旅程的故事，為今天的基督徒羣體提出一些非常重要的問題：在我的信仰旅程上，下一步應該怎樣走？誰會幫助我到那裏？我們鼓勵你不要倉猝地發現一套公式或程序;相反,我們建議你用心聆聽這些教會歷史上如雲彩的見證人的經驗。他們的說話會把導引的實踐,深深地印在你的心思中。

給師傅的進一步反省

1. 甚麼驅使你參與屬靈導引的職事?導引別人的渴望從何而來?
2. 你能否記起在自己生命中重要的成長時刻,是受到與一位你視為師傅的人建立關係激發的?
3. 當你閱讀寫給師傅的信時,產生甚麼反應?這封信在你自己的心靈中喚起甚麼?你是否感到已經準備好作師傅呢?
4. 這一章刺激你在哪方面的靈命成長?
5. 你怎樣得到肯定,可以邁向屬靈導引的職事?

給徒弟的進一步反省

1. 在你生命的這一刻,甚麼驅使你尋找師傅?
2. 在你過往的生命中,曾否有重要的成長時刻,是由師傅激發的?
3. 當你閱讀寫給尋求師傅者的信時,產生甚麼反應?
4. 若你開始一段屬靈師徒關係,想像在你生命中可能發生甚麼事?
5. 這一章刺激你在哪方面的靈命成長?

註釋：

1. Thomas à Kempis, *The Imitation of Christ* (Grand Rapids, Mich.: Zondervan, 1967), p. 1.
2. George Lane, *Christian Spirituality: An Historical Sketch* (Chicago: Loyola University Press, 1984), p. v.
3. Elizabeth A. Dreyer, *Earth Crammed with Heaven* (New York: Paulist, 1994), p. 34.
4. Tilden Edwards, *Spiritual Friendship: Reclaiming the Gift of Spiritual Direction* (New York: Paulist, 1980), p. 35.
5. "God's Grandeur," in *Poems and Prose of Gerard Manley Hopkins*, ed. W. H. Gardner (Baltimore: Penguin, 1963), p. 27.
6. Walter Brueggemann, *The Creative Word* (Philadelphia: Fortress, 1982), p. 1.
7. Kenneth Leech, *Soul Friend: An Invitation to Spiritual Direction* (San Francisco: Harper, 1977), p. 41.
8. 同上書。
9. 同上書，頁 68 。
10. Hopkins,"Gods Grandeur."
11. W. B. Yeats, *The Variorum Edition of the Poems of W. B. Yeats*, ed. Peter Allt and Russel K. Alspach (New York: Macmillan, 1977), p. 553.
12. Barbara Brown Taylor, *The Preaching Life* (Boston: Cowley, 1993), p. 15.

第二章

閱讀字裏行間的隱意：甚麼是屬靈導引？

屬靈指導的整個目標是穿越一個人生命的表層，
窺見習慣的姿勢與態度的外表背後，
就是他向世界展現出來的；
並帶出他內在的屬靈自由，他最深的真實，
就是我們稱為在他的心靈中基督的樣式。[1]

梅頓（Thomas Merton）

Augustine
Teresa of Ávila
Julian of Norwich
John of the Cross
Ignatius of Loyola
Jeanne Guyon

蓋恩夫人於一六四八年生於法國。十五歲時，她嫁給一位比她年長二十三年的傷殘人士，在很年輕的時候已經成了一位富有的寡婦。由那時起她開始透過屬靈引導，探索禱告生活和屬靈的親密。她的尋求最終引領她用簡單而優雅的文筆寫下與上帝的親密。這種親密關係呼召人們向自我死，讓上帝激烈的愛燒盡自己，令信徒對自己的真正身分有新的覺醒。[2] 這些作品導致她最終在路易十四統治期間被捕，她「被判為異端，最終被囚禁在聲名狼藉的巴士底監獄。」[3] 激勵她內心的，就是對親密地認識上帝，並教導別人怎樣培養這種親密關係的渴望。透過她的作品，她在十七世紀開始了屬靈導引的職事，這事奉在教會歷史中一直延續下來。過去三百年都有很多人閱讀蓋恩夫人的作品。她對屬靈導引的了解，是我們學習屬靈導引的性質的一個有力起點。

她最具影響力的作品《更深經歷耶穌基督》（*Experiencing the Depths of Jesus Christ*），集中在導引和與上帝親密之間的連繫上。蓋恩夫人教導我們，師傅必須關注心的問題，主要集中在徒弟情緒層面上的發展。她強調誠懇、真摯和建立信賴的必要性，這些都是吸引期的基礎。她也認識到增進與上帝的親密，產生一種接納、安全和勇氣的感覺。徒弟有能力確定自己為上帝喜愛的兒女。她相信個人在與上帝親密中更新，是教會更新的基礎，也是重新激勵信徒為未信者活出福音真理的基礎。也許沒有一本像這本呼召人與上帝親密的書，那樣得到廣泛閱讀。蓋恩夫人的文字主要為未受過教育的農民而寫，這些作品驅使人們進入與耶穌基督活生生的經驗中。

在這一章，我們想介紹你認識屬靈導引的本質，它是一種與基督活生生的經驗，我們也會指出它與屬靈指導有甚麼不同。我們會為屬靈導引的特殊性質給予基本的描述，並提出一些作為有效的師傅所需要的基本技巧和特徵。雖然我們會將這一切用大綱列出，但屬靈導引不是按照一個計劃或一系列步驟進行的；相反，它是一個敏銳的行動，師傅與徒弟同時留意上帝、自我和徒弟的生命。它是一種動態和明智的關係，能夠辨別在信仰的旅程上下一步應該怎樣走。

反省問題

開始這一章時，用片刻細想你自己對屬靈導引浮現出甚麼定義。

- 屬靈導引的必需活動是甚麼？
- 作為師傅該怎樣開始？
- 師傅需要具備甚麼技巧和素質？

透過屬靈導引得到更新

今天，屬靈導引漸漸成為教會在屬靈活力上其中一種最光輝的希望。人們渴求導引提供的關係，所以他們訪尋可以作自己師傅的智者。商界、教育界和保健界的師徒關係運動，進一步增強時下對**屬靈**導引的重新注意。在基督教世界的許多角落，人們對屬靈導引在靈修發展上可以扮演的角色，都產生了濃厚的興趣。最近也重新關注古代的行會制度，由經驗豐富的工匠培養和訓練年輕的學徒。神學機構評估他們塑造基督徒領袖的效果時，發現他們忽略了能夠照顧未來領袖的靈命塑造的那種導引。教義的精明、正確的解經實踐和最新增長策略的實施，都不再被視為完整的清單，包含培養能夠領導教會的「成功」牧師所需的要素。

「**師傅**」一詞其實源自希臘神話的世界。尤利西斯（Ulysses）把他的兒子泰利馬可（Telemachus）交給一位睿智的哲士曼德（Mentor）監護和照顧。尤利西斯參與特洛伊戰爭（Trojan War），因此曼德便負責教導年輕的泰利馬可，「不單是書本知識，還有世界的計謀。」[4] 曼德的任務是同時提供靈與魂及思想的教育，是智慧的教育，而不單是知識的灌輸。

歷史上，屬靈指導大都包括下列五項古典基督教的特徵：

a）有組織／正式
b）分階級和單向（自上而下）
c）權威性（傾向「指導性」）
d）「官方的」和神職的
e）個別性和私人性

相反地，今天的興趣包括對新形式的屬靈引導和屬靈教導的方法的好奇，大都包括下列五項相反的特徵：

a）非正式
b）相互性
c）提示性、啟發性，而不是指導性
d）非官方，平信徒的參與多於神職人員，多人投入「未經批准的」工作
e）以小組和個別形式進行

歷代以來，關注人靈性發展的師徒關係這個觀念，有幾個不同的名稱。我們現在稱為屬靈導引的，以往曾經稱為屬靈輔導（spiritual counsel）、屬靈指導（spiritual direction）、心靈友誼（soul-friendship）、門徒訓練（discipling）或簡單稱為屬靈引導（spiritual guidance）。我們選用「**屬靈導引**」（spiritual mentoring）這措辭，用來表達今天實行的這些包含引導的靈命塑造，無論它們以甚麼形式進行。這些關係可以是正式或非正式的、有組織或沒有組織的、有階級或相互的，但它們都有一個主要功能：它們都是靈命塑造的過程，一個人藉以成為一個或幾個人的屬靈嚮導。可以包括突發和特別的靈命塑造時刻，也可以是為靈命塑造而進行有計劃和有意圖的約會。我們確信屬靈導引的寧靜工作，以不同的形式，為培養卓越的基督徒領袖，和為真正效法耶穌靈命整全之道的人的靈命塑造，提供一條更新的途徑。

與屬靈師傅建立有計劃的關係的屬靈追尋者，他們的專門術語是徒弟（mente）、受導者（directee）或門徒（protégé）。這些術語對許多人都有形式化、僵化或技術性的意味。我們選擇了**徒弟**（mentoree）一詞，只有在描述歷史上或古典的作品時，我們才沿用古典作家所選用的詞語。

甘陵敦的作品建議，導引可以用不同的**關係性**角色或類型來了解，正如圖表一所示，這是很有幫助的。[5]（有關甘陵敦九種師徒關係的更多特點，參附錄一。）

這份清單提示了師傅可以與人建立的多種關係。導引不是千篇一律的。師傅與導引都是獨一無二的，就好像個別關係一樣。屬靈導引是整個基督身體的工作。因此，屬靈導引顯然歡迎每種關係都有獨一無二的模式，在這些獨特的關係中,我們有幸幫助別人在信仰上成長。重要的是屬靈培育開始了,而不是由誰開始和怎樣開始。

在我們的研究和寫作中,我們就屬靈導引在靈命塑造上可以扮演甚麼角色,提出幾個基本問題:

- 我們可以從古代和當代作家學到甚麼?
- 我們可以從過去的世代領悟到甚麼,是能夠應用在今天出現那種比較非正式的導引模式?
- 我們可以按聖經明辨甚麼?
- 我們可以從歷史發現甚麼?

我們的結論是很有力的:對靈命塑造非常有幫助的其中一個過程,是非正式的屬靈導引模式。導引是最有影響力的方法之一,能夠幫助我們增進與上帝親密,接受我們是上帝喜愛的兒女這個身分,並發現我們為國度肩負責任那獨一無二的聲音。現在是時候為我們稱為屬靈導引的過程下定義。我們認為屬靈導引的職事有七項必不可少的元素。

圖表一:師徒關係中不同的類型和功用

師徒關係的類型	**師徒關係的功用**
門徒訓練者(Discipler)	在跟從基督的基本門徒訓練功用上尋求加力
屬靈嚮導(Spiritual Guide)	為靈性負責任,為靈命長進與成熟提供屬靈操練
教練(Coach)	增強職事技巧;同時也提供運用已取得的技巧的推動力
輔導者(Counselor)	為入門者提供適時的意見和觀念,塑造他們對生命與職事的看法

教師(Teacher)	傳遞知識和推動力,在徒弟生命中實踐出來
監護人(Sponsor)	當新晉的領袖在職事場所長進時,提供職業指引和保障
當代的模範(Contemporary Model)	為生命和職事,提供值得仿效的個人模範
歷史的模範(Historical Model)	一種從歷史上的領袖身上,為了生命和職事學習原則和價值的(被動)方法
神聖的接觸(Divine Contact)	提供適時的指引或明辨,被看作是神聖的介入

1. 成為肉身的道:屬靈導引是關係性的

歷史上,很多經典基督徒作家的著作都提出很多屬靈指導的定義。有些定義比較狹窄和明確;有些比較廣泛和普遍的。所有都同意一個大前提:屬靈導引是一種關係。無論這關係是正式和有組織的;非正式和隨意的;連貫的還是斷斷續續的,屬靈導引的核心仍然是關係性。

耶穌基督的生命和「跟從我」這個呼召,必須被經驗為一個教導祂所教的和好像祂那樣教導的呼召。屬靈導引應該尋求在內容和風格上、在信息和方法上、在實質和形式上都跟從耶穌。耶穌職事的神學術語是**道成肉身**,這個詞的意思是「賦予血肉」(enfleshed)或「賦予形體」(embodied)。簡言之,耶穌的生命**成了**祂的信息。祂的生命彰顯祂說的話。耶穌選擇以道成肉身表達的關係性風格,成了我們稱為屬靈導引的形式。祂的內在生命與天父熱烈地親密,成了所有跟從祂為國度培育門徒的人偉大的典範。耶穌的方法向今天講求產量的文化提出挑戰，這種文化要求訓練門徒的過程，採用快速和程序化的方法。

約翰福音最直接地教導耶穌的方法。這卷書很可能是由使徒約翰寫的，他往往被稱為「耶穌所愛的」(約十三23)。這位使徒筆下精雕細琢地表達一對相連的信息：親密關係和道成肉身。第一章記載的話，我們可以視為簡單卻深刻的宣教學方法(missiological method)——這種方法由基督的愛推動。

> 那光是真光，照亮一切生在世上的人。他在世界，世界也是藉著他造的，世界卻不認識他。他到自己的地方來，自己的人倒不接待他。凡接待他的，就是信他名的人，他就賜他們權柄，作上帝的兒女。這等人不是從血氣生的，不是從情慾生的，也不是從人意生的，乃是從上帝生的。道成了肉身，住在我們中間，充充滿滿的有恩典有真理。我們也見過他的榮光，正是父獨生子的榮光。(約一9～14)

期待已久的彌賽亞道成肉身前來，住在我們中間(字面意思是「紮營」)一段時間。那回響著的信息是透過道成肉身的基督得救贖。現在萬國都有機會經驗上帝親密的愛，給予優待的地位，成為得到加力、上帝所愛的兒女。道成肉身的意思是，在需要聽見和經驗上帝親密的愛的人中間「紮營」。這是屬靈導引那關係性的基本例子。這是一種關係，由人自己與上帝的關係開始，然後移向與其他人的關係。

2. 建基於平凡：屬靈導引是自傳式的

第二個基本的了解是屬靈導引是自傳式的。師徒關係給予我們機會大膽地探索別人的生命。事實上，屬靈導引的成功或有效，可能直接與師傅和徒弟是否有能力，穿越表層，進入徒弟裏面寶藏的深處有關。任何我們帶到表層的東西，都有轉化為金或銀的潛質，它們隱藏在地上粗糙、有角和形狀隨意的岩石容器內，這些容器盛載著這些獨特的寶藏。耐性、有時是沉悶的探礦工作，在看似無用的岩石中尋找豐富的寶藏，正是屬靈導引的工作。這些岩石就是我們日常生活的故事。

寫出影響歷代教會的靈修或屬靈指導作品的人，往往能夠了解平凡的時間、平凡的生活和平凡的事件中的神聖。在世俗生活中，可以發掘和精煉出珍貴的金屬。或許沒有人像畢德生那樣簡明地說明這個方法，他說：「牧養工作⋯⋯是在基督教事業中，專門處理平凡的那方面。」[6] 換言之，要留意世俗。尊敬每一天。我們在重複轉動的時鐘與日曆中，是何等忽略全能者的指紋。我們認為上帝是何等沉靜，雖然上主在看似隨意的平常中微聲呼喚或高聲呼喊。當師傅幫助徒弟放慢步伐，使騷擾安靜下來，並為注意平凡創造空間時，那寶藏是多麼豐富。下列問題可以作為師傅的工具。

- 你有否留意到上帝在你生命中運行的模式？
- 你有否思考上帝會怎樣回答你提出的問題？
- 上帝想你在你生命的事件中聽見甚麼？

奇夫記得他在排球比賽中弄傷腳踝這件事。

> 我以為自己仍然能夠在校內排球聯賽中與學院的同學公平競爭，我的表現也不錯，直至當晚我著地時失腳，聽到腳踝骨折的聲音。這件事發生時，我感到從未經驗過的極大痛楚，但那痛楚只維持至他們為我打石膏。然後那陣陣刺痛消退，尖鋭劇痛的感覺從腳踝消失；對我受傷的身體增強了的注意，被我認為是打亂我的時間表的困擾所取代。當時我不明白的是，復原過程是緩慢的。我討厭這個過程，起初我還嘗試活得好像一個腳上沒有戴著八磅重石膏的人，直至一位睿智的朋友為我重構這事，並説：「在這段康復的時期，不要錯過上帝的聲音——你的生命只在低波中進行，上帝現在吸引了你的注意力。停止搏鬥，用你的緩慢步伐來聆聽吧。」
>
> 上帝在我生命的真實事件中向我説話。沒有燃燒的荊棘在我眼前；沒有聲音劃破長空，在我耳中誦念説話，但我卻接受挑戰，**在我展開的傳記中**聆聽上帝。

屬靈導引學校的課程，就是徒弟活出展開的生命故事。正如優秀的小説用出人意表的曲折奇情來展開情節，人生命的傳記也是這樣展開的。故事怎樣發展並非總是那麼清晰，除非故事進一步展開。現在，留意睿智和有幫助的師傅已經足夠了。

靈性最深刻的真理總是自傳式的。它是道成肉身的，活在星期一、星期二及一星期內所有日子的生活的沙礫中，顯現或啟示等超凡事件都是少數和罕有的，但師傅溫和或堅定的探查問題，卻引領我們回到靈性的核心行動：**在每件事上留意上帝的臨在**。

亞倫·鍾斯（Alan Jones）以使人難忘的話描述那個過程：「我的漂流在朝聖得以聖化。」[7]表面上沒有連繫的漂流那種隨意性，透過師傅的探查問題，可以聖化為朝聖。**傳記**（biography）一詞正是源自兩個描述我們故事成為肉身的油畫的詞語：寫（*graphia*）在我們活著的細胞（*bios*）上面的文字。在我們的生命中書寫了一個故事，一篇寫下的文章，或繪畫在我們傳記的油畫上的作品。要看清楚它的形像，我們必須學會留意。屬靈導引是一種關係，幫助我們留意自己的故事，在其中辨認出**上帝已經臨在的行動**。

在我們今天的生活中，我們已經培養出一種得到接受的技巧，能夠生活在充滿擾亂之中。我們的社會到處滿佈言語，有許多言語，卻很少聆聽。因此，我們忽略了從上帝而來的神聖微聲，即使有非常重大的事件活在我們個人的歷史中，我們仍會打盹。導引的恩賜有助將單純的編年表轉化為神聖的故事，將單純的傳記轉化為屬靈的自傳。屬靈導引是在心靈的生命中，重新發現講故事的一部分。教會有時似乎失去了對故事的喜愛，並以對概念的喜愛取而代之。導引使我們回歸那「大故事」（The Story），作為回憶我們自己生命的小故事的方法。

鍾斯在他的書有關「教會年的故事」（Story of the Christian Year）中說：

> 我們需要唱一首歌、講一個故事、跳一隻舞，讓我們知道自己在何處，自己是誰。但我們似乎已

> 經失去講故事和做夢的藝術。唱出我們知道的一點一滴，講述我們記得的故事的零碎片段，總勝過甚麼也沒有。我們愈是歌唱和講述那古舊的故事，我們便愈是不滿足於心理和靈性上的垃圾食物，它們只是錯誤和短暫地賦予形體的方法⋯⋯在上帝心中，演奏著一個整全的主旋律。若我們要明白自己的音樂，必須聆聽那旋律，並參與那更大的戲劇。[8]

師傅明白真理體現在個人自傳的神聖故事中。德國人說的"*Heilgeschichte*"（救恩歷史）與"*Geschichte*"（歷史）的分別是：救恩歷史遠遠比歷史更有深度。透過師傅的明辨力，我們學會發現情節、主題、副題和故事情節，並認出故事人物和自己角色的發展。師傅不會從沒有關連的故事情節創作故事，而是協助徒弟更深地發現，自己生命的故事怎樣發展。（參附錄四：「發展個人的時間線」）

在故事的情節中尋找共同線索，讓蘭迪以深藏的全職事奉呼召挑戰基爾（Clair）：

> 在我負責主講的退修會上，基爾想在小休時爭取一點時間和我談話。主題是在師徒關係中留意我們故事的重要性。基爾是有幾年經驗的中學教師，也是教會一位忠心的長老和小組組長。當他開始分享自己故事的一些篇章時，我明顯看到他渴慕「得著更多」——這些篇章都反映了一個共同主題，就是上帝呼召他全時間事奉。在那個安全空間下，基爾不單能夠看到他呼召的重要性，還發現

上帝臨在帶來的全然驚訝，神就在他自己故事的平凡事件當中。

透過在導引中提出一些激發思考的問題，我們得以自由地學習在一切中留意上帝的臨在。我們每個人日日夜夜都在撰寫自己生命的小說，或多或少意識到上帝，或多或少注意到屬靈的紋理，或多或少知曉情節的發展，或多或少意識到在我們撰寫的許多章節中，副題和性格發展的細微和微妙差異。**生命的作者**開始那個故事，我們則負責為自己的故事撰寫結局，對作者預設的情節，有程度不同的留意。里昂（Lyons）的主教愛任紐（Irenaeus，約公元一三〇至二〇〇年）寫信給基督教教育家，說一個人完全的活出來，就是上帝的榮耀；[9]我們認為他的意思是，一個人意識和警覺到上帝臨在他自己的歷史中的行動。

瑪嘉烈．根德（Margaret Guenther）用一個美妙而坦率的方式，談及今天的屬靈引導的基本要素（與角色）：

因此，今天的屬靈生命應該由怎樣的人來寫呢？她需要建基於平凡、日常的經驗。她需要在世，並有能力看見屬靈事業有趣的一面，即使是在極大的痛苦中。她需要有足夠的靈巧——慧詰得足以察覺自我的祕密花招，就是使自己成為一切的中心，甚至是自己受苦和掙扎的中心。她需要有能力作判斷而不審判人，能夠察覺可疑而不致讓自己辨別欺騙的能力令自己看不見榮耀和喜樂，而這份看見是每個人在上帝裏面與生俱來的權利。[10]

在屬靈導引中,我們往往從生命中最即時、實際的事物開始,這些事物伏擊我們,令我們繞道回到心靈。我們很少從靈性的深刻經驗開始,卻因為上帝隱伏在例行公事中而感到驚訝。好的師傅會幫助我們閱讀「字裏行間的隱意」,找尋上帝給予的隱藏和沉默的世俗訊息,因為生命中充滿上帝。我們不需要為人製造經驗上帝的時刻;我們需要幫助對方看見、聆聽和知道。上帝在星期一並不比星期日較少與我們同在!靈性不是我們在工作、家庭、賬單和稅款的「真實世界」以外添上的東西;靈性嵌於我們傳記的日常事件中。

師傅協助我們深入地看**進**和看**透**我們生活的事件,為要明辨意義。你曾否懷疑為甚麼上帝用故事充滿聖經,而我們對故事中的人物和地點卻差不多沒有任何歷史資料呢?為甚麼不簡化聖經的篇幅,出版一本「一分鐘聖經」,可以更容易、更有條理地閱讀呢?為甚麼不除去那些使人混亂的古代人名和地名呢?我們不能簡化上帝的故事,因為上帝認識所有這些人,上帝到訪過所有這些地方;上帝臨在他們的生命中,正如上帝臨在我們的生命中一樣。上帝的啟示永遠都不是在真空中,而是在地理和傳記中。這個事實決定我們屬靈導引的過程;我們專注於上帝在我們故事中不斷嘗試揭開的事物。

當代其中一位最能夠清楚講解靈修學的教師畢德生寫道:「靈性需要處境。永遠如此。界限、邊界、限制⋯⋯沒有人因為減少物質性而變得更屬靈。」[11] 畢德生擔任一間堂會的牧師差不多三十年後,才轉為靈修神學的教授。雖然他基本上是向作為屬靈導師的牧師說話,他的話對所有屬靈師傅都非常有用。畢德生認為屬靈指導是建基於一個位置上。這個位置就是徒弟的生命及其所有細節。

「牧養工作包含微小的，日常指定的工作。」[12]畢德生將牧養職事比作在農場工作，就是例行沉悶的雜務，包括清潔穀倉、打掃畜棚和拔除雜草。屬靈導引就好像農場工作，我們例行地與徒弟見面，定期進行沉悶的談話和禱告。雖然偉大的顯現時刻突然闖入或圍繞我們，但導引別人的核心就是例行的微小工作。教會的偉大聖詩說：「我不求夢想，不求先知的出神，……噢，除去我心靈的模糊吧。」「大部分牧養工作都發生在迷糊中：在陰影中辨認恩典，在艱深的文字中尋找意義，在耗盡生命的餘燼上吹氣。這些都是艱苦的工作，而且不會明顯地吸引人。」[13]

3. 靠近：靈性是與聖靈同工

箴言的一段經文，將智慧人格化為一把女性的聲音，引出對屬靈導引本質的第三個基本了解。在箴言八章1至6節，我們看見智慧前來尋找我們！

> 智慧豈不呼叫，聰明豈不發聲。
> 他在道旁高處的頂上，在十字路口站立；
> 在城門旁，在城門口，在城門洞，大聲說：
> 眾人哪，我呼叫你們，我向世人發聲，
> 說，愚蒙人哪，你們要會悟靈明；
> 愚昧人哪，你們當心裏明白。
> 你們當聽，因我要說極美的話；
> 我張嘴要論正直的事。

我們的成長基本上不是由於我們的努力與委身；倒是

智慧在我們的方向上採取主動。智慧前來呼喚!我們發現,智慧就是上帝主動尋找我們,吸引我們到恩典的寶座。智慧是上帝的聖靈在靈命塑造的工作上建立夥伴關係。

若我們了解上帝採取主動而我們只是回應;我們以為是我們開創的事業,事實上只是我們對上帝已經主動臨在的**回應**;會有甚麼改變呢?一切都會改變!在我們出現之前,上帝的心已經感覺、愛和盼望。我們心靈的歌已經在我們的心靈中微聲細語和歌唱。若這個觀念是真的——我們熱烈地如此相信——那麼師傅的工作不是創造而是注意,不是發明而是辨明。屬靈導引邀請我們發現神聖之地,就在我們周圍,就在我們裏面,歡迎我們留意上帝已經臨在的行動。

在導引的夥伴關係中,我們得到幫助,留意聖靈在平凡中的運行。對於上帝在日日夜夜中編織的情節,很多人整生都一無所知。上帝聖靈的火焰,尋求以洞見照亮道路,但很多人過了數十年,對此都毫不知情,或者毫無感覺。這是西方社會「進步」的一大諷刺,我們太過注視自己,以致忽略了我們只要藉著聖靈的行動,就可以變成財寶。沒有深度的鏡子,使我們從人退化為自我中心的消費者,也看不見我們作為上帝所愛兒女這個身分是多麼豐富。我們都是故事中人,有情節、主題和角色的人。我們的生命有開始、有中段、有結束。透過導引,我們得以用小說家讀者的愉快心情,閱讀自己的生命。

屬靈導引基本上是聖靈的工作。正如梅頓強調,幫助別人發現內在的基督的靈,基本上是屬於聖靈的任務。「這完全是超自然的事情,因為將內在的人從無意識行為(automatism)中拯救出來的工作,首先是屬於聖靈的。」[14]

在實踐方面，屬靈導引是師傅協助徒弟留意聖靈內在工作的過程。屬靈導引是：

> 「心靈醫治，……然而，它不是一些藉著一張有指定操練的清單，聰明地完成的事情；而是藉著加入上帝在屬靈尋求者的心靈中已經動工的行動。心靈醫治是培養成熟的意識，發覺上帝已經採取主動。……在我出現在舞台上，意識到有我可以做的事情之前，上帝已經勤奮、救贖性和有策略地工作。」[15]

以賽亞書四十八章17至18節強調上帝在靈命塑造的工作中的至高角色：

> 耶和華你的救贖主，
> 　　以色列的聖者如此說：
> 我是耶和華你的上帝，
> 　　教訓你使你得益處，
> 　　引導你所當行的路。
> 甚願你素來聽從我的命令！

我們稱這為聖靈「已經臨在的行動」。這成了師傅的基本任務：**喚醒徒弟認識自己的獨特性，自己是上帝所愛的兒女，為了親密的關係而照著上帝的形像受造，個人得到力量為職事採取真實的行動**。屬靈導引的目標是創造發現這個真理的空間。這種對屬靈導引的了解，對實踐和策略都有深刻的含意：

- 靈命成長的責任適當地掌握在上帝的聖靈手中,而不是在任何凡人師傅的手中。
- 靈命成長的主動是在上帝心中,而不是在師傅的心中。
- 屬靈導引的職事基本上是明辨、得到注意和給予注意的職事,而不是製造或強迫成長。
- 然而,靈命塑造的策略,卻可以包含自信和有力地介入徒弟的生命,但總是留意上帝聖靈的運行。

屬靈導引幫助我們發現上帝對我們的期望,以及透過聖靈的能力,在徒弟生命中已經臨在的創造。因此我們說師傅的角色是**促成**發現的過程。一個適切的類比可能是視光師的工作。視光師的任務只是透過一組鏡片,調節光線的強度,使病人有更好的視力。視光師沒有發明光線或創造病人的眼睛;而是幫助病人集中注意已經存在的光線。屬靈導引的關係是三維和動態的,包括:師傅與聖靈,師傅與徒弟,徒弟與聖靈。在三個參與者的三種基本關係中,專注的聆聽、專注的禱告和積極的明辨都是必須的。靠近就是在牧職工作上與聖靈同工。

接受過有效運用屬靈導引這種指導的人,明白要發現聖靈已經臨在的行動,必須藉著禱告的態度和生命。最狹窄的定義,屬靈指導就是在個別基督徒的禱告生活中提供指導。但廣義上,它卻是一種藝術,包含幫助我們明辨聖靈在我們整個生命中的運行,協助我們順服這些運行,並在我們的忠心要求我們作出的重大生命抉擇時給予支持。這樣理解的禱告,涵蓋整個生命,因此屬靈指導便是基本的牧養職責。[16]

一位年輕教士取名為十架約翰,他尋求阿維拉的大德蘭作他的師傅。他不是大德蘭惟一的徒弟,但他們屬靈關係的故事很有吸引力，因為後來十架約翰反過來成了大德蘭的師傅。他們的故事未有提及，阿維拉的大德蘭有甚麼吸引力，令十架約翰邀請她成為自己的師傅，但清楚的是，許多人都想向她學習怎樣加深他們對耶穌的愛。然而，她作品中的思想，在我們關於師傅資格的談話中，可以給予我們深刻的洞見。她寫書是出於順服，因為她服事的女修院的上級命令她這樣做；她著書不是因為覺得自己有寫作的恩賜，或者有思想家或屬靈導師的才能。

她曾經慨嘆：

> 「為了愛上帝，讓我在紡織車上和詩班中工作，實行宗教生活的責任，正如其他姊妹一樣。我沒有意思寫作：我既沒有健康，也沒有才智這樣做。
>
> 好像我的告解神父那樣有學問和認真的權威人士，足以贊同我說的任何好話，若主賜予我恩典說話，那些話並不是我的，而是祂的；因為我沒有學問，生活過得不好，也沒有從飽學之士或任何人那裏獲取甚麼知識。只有那些命令我寫作的人知道我這樣做，而那時他們都不在場。為了寫作，我幾乎要偷取時間，並且非常困難，因為寫作妨礙我紡織，而且我住的房子十分簡陋，我還有許多事情要做。」[17]

這些謙遜的文字出自一位婦人，她的文字現在已經有數以百萬計的人一讀再讀，她的作品現在已經被譯成數十種語言，她是擁有最多讀者的西班牙作家之一。她的作品出自她的內心,她個人與上帝的神祕經驗,而不是嚴肅或有系統的學術著作。她的謙遜使她受到讀者的喜愛;她誠實的表達,同樣吸引所有人。她成了無數人的師傅,雖然她不認為自己的才能及得上她有學問的上級。她深刻地證明這種內心的謙遜,是成為有果效師傅的必需條件。在一些遠超過自己的創作力或智慧的事上,師傅視自己為夥伴。

4. 靈命塑造的軌迹:屬靈導引是有目標的

一本有趣的書將旅行比作朝聖(pilgrimage)。這本書為朝聖下的定義和我們談論的屬靈導引很相似:

> **朝聖**是一種旅程,標誌著從不在意到在意,從無心到有心的旅行。差別可以是微妙或戲劇性的;按定義來説,則是改變生命的。它的意思是警覺到是時候,需要的只是往遙遠的地方走一趟,單單為了**失去**自己;也警覺到是時候,需要的只是往神聖的地方走一趟,在所有榮耀與可畏的面具下,**找到**自己。[18]

導引有一個軌迹、一個目的、一個標靶和一個目標。它不是不在意或無心的漫步,而是一次確認為朝聖之旅的旅程,一次有屬靈或敬虔目標的旅程。軌迹是有目標,但卻不是預先包裝的。我們的屬靈旅程沒有完整的街道圖、行程大綱或路線,只是邀請我們發現上帝對我們在時空中的獨特旅程有甚麼心意。

師傅的任務是幫助我們在生活中沉得夠深，以至能夠發現那個目標。只要簡略地看一些聖經中的師傅，便可以讓我們建構一份不完整的導引目標清單。

鼓勵：摩西告訴年輕的約書亞這位領袖繼任人，要剛強，不要害怕前面的困難。申命記三十一章7至8節有力地表明師傅的鼓勵角色。

明辨：年老的祭司以利指導年輕的僕人撒母耳聆聽。撒母耳記上三章8節告訴我們，經過幾次經驗後：「以利才明白是耶和華呼喚童子」，並幫助他的年輕徒弟透過聆聽，達至深層的明辨。

負責任：先知拿單當面指摘大衛王，因為他道德敗壞，犯了姦淫罪，濫權強迫已婚婦人拔士巴與他發生性關係。撒母耳記下十二章是一篇有關當面指摘與負責任的經文。

屬靈身分的提醒人：亞比該這個動人的故事，講述一位年輕的婦人，在年輕的政治難民大衛失去敬虔的焦點，打算向她丈夫、富有的地主拿八報復時加以制止。她用奇妙和富創意的方法介入，使大衛記起上帝給他的目標。她不能對抗或挑戰大衛這個怒氣沖沖的年輕戰士，但她可以運用自己的計謀和美貌，溫柔地令大衛記起上帝對他生命有甚麼目標（撒上二十五）。

在抉擇時給予智慧：在聖經一個關於友誼的奇妙故事中，拿俄米是年輕路得的睿智哲士，路得小心地跟從長輩的指示，為自己年輕的生命作出抉擇。

為政治影響力提出挑戰：末底改挑戰他年輕的姪女以斯帖王后，要她記得自己是上帝子民的一分子（帖四章）。

加力：最有趣的師徒關係之一是以利亞與以利沙。以利亞是前輩先知和年輕先知學校的老師，他加力給先知繼任人以利沙。在列王紀下二章，以利沙要求擁有以利亞雙倍的能力。

解釋與改正：百基拉與亞居拉是一對夫婦，他們顯然沒有受過神學教育，只有內心的經驗。然而，他們卻指導了當時的偉大講道者兼教師亞波羅。在使徒行傳十八章我們看見一段美妙的文字，顯示平信徒在教導教師方面扮演的角色。

懇請成長：保羅寫信給他的朋友腓利門，懇請他從根本改變自己的世界觀，使腓利門與他逃走的奴隸阿尼西母的關係產生戲劇性的轉變。保羅這個最新的門生，他「在信仰上的兒子」，奴隸阿尼西母的故事，說明福音的大能能夠塑造一個新的關係模式。保羅藉著處理這個非常獨特、地方性和個人的問題——一個奴隸出走，後來又重返富有的主人腓利門的家庭——處理奴隸制度這個課題。教會當日曾挑戰奴隸制度，就好像它今天挑戰種族主義和階級主義一樣。

看見屬靈導引能夠實現這許多目標，我們也應該知道，有許多目標是屬靈導引不能夠實現的。屬靈導引**不是**：

- 職業輔導，雖然它可以提出關於職業和呼召的問題
- 心理輔導，雖然它可以探查別人內在心理的生命
- 給予建議，雖然師傅講的話充滿智慧
- 教牧輔導，雖然有導引恩賜的牧師可以實行這種輔導
- 教導——在傳統意義上傳遞知識，雖然它會包括指導的時間
- 門徒訓練，目的是教導信徒基要真理和掌握屬靈操練
- 告解，雖然師傅可以協助屬靈追尋者，讓對方自己以言語向上帝懺悔

我們從研究歷史和古典屬靈指導的作品中，發現屬靈導引的九種價值。我們會繼續在這本書闡釋這些價值，但我們想在此將它們列出來，藉以強調屬靈導引那些非常實用的目標。屬靈導引

- 提供一個有效的方法，增進與上帝的親密
- 培養徒弟認知，上帝已經藉著聖靈在徒弟生命中行動
- 協助徒弟明辨上帝的旨意
- 對品格和價值塑造相當有效
- 幫助徒弟最終發現，自己是上帝所愛和接納的兒女
- 是信仰旅程所必需的
- 為個人生命的抉擇和事奉提供清晰與指引
- 是鼓勵、勇氣和盼望的來源
- 是植根於教會的教導和聖經的真理

5. 必要的藝術：屬靈導引需要聆聽

屬靈導引是安慰者（paraclete；細草p）的職事與保惠師（Paraclete；大草P）的職事結成夥伴，就是一個人「靠近」別人，加力、聆聽、愛和光照，正如聖靈作為保惠師靠近信徒一樣。“*Paraclete*”是希臘詞，往往用來指一個律師在法庭「靠近」當事人。屬靈師傅是一位靠近別人的人，在一段短或長的時間內，與聖靈同工，執行在徒弟生命中塑造靈命這個明確任務。靠近的人不一定是通過評核、受過訓練和證明有資格執行屬靈導引這種技術性工作，而是有能力聆聽、愛、加力和照亮徒弟生命的人。

屬靈導引基本上不是創造甚麼、做甚麼、帶來成長或其他經常與事奉聯繫起來的活動。屬靈導引是參與上帝已經

在徒弟生命中從事的事奉。這種特質定義了屬靈導引的本質，是以開放的心敏鋭地聆聽和靠近別人的事奉。

導引的核心是留心、明辨的師傅，他們有時直覺地，知道怎樣聆聽上帝的靈。當我得到聆聽、探查、鼓勵、挑戰和幫助，聽見上帝的聲音時，師傅已經靠近我。當導引退化為技術和系統時，導引的精神便會出現危機。屬靈導引是任何「靠近」別人的方式，為要協助別人聆聽上帝，發現上帝在那人生命中已經臨在的行動。

「你沒有的東西，你不能給予別人」，為任何屬靈導師或師傅的絕對先決條件，作出了簡單的總結：你自己欠缺的東西，你不能給予別人。這句話使一些人產生恐懼和感到不勝任：「因此，我甚至不能假裝成別人的師傅，因為我自己看來永遠都不能明白一切。」我們大部分人在自己靈命的發展上，都感到軟弱和無能。我們知道自己仍未實現完滿的靈命，但我們都「努力向著標竿直跑」，正如保羅鼓勵我們那樣。有些人可能否認自己需要繼續成長，並説：「我**可以**作師傅，因為我已經通過這許多靈命成長的『階段』了。」

這些態度可以是破壞性的，因為抱這些態度的人誤解了屬靈導引的目標和過程——他們假設師傅的任務只是為別人做一些事情，如教導、改正，又或者給予一些師傅擁有，徒弟卻缺少的東西。不是的。屬靈師傅必須是聆聽者——首先聆聽上帝，其次聆聽自己，然後聆聽徒弟，或同時聆聽三者。屬靈師傅的任務是創造一個學習的空間，因此師傅需要有受教的靈。如果我們相信自己需要在所有事或幾乎所有事上都必定能夠勝任，我們便誤解了屬靈師傅必需具備的基本素質。

在你的生命中，不論是課堂內或外，誰是最有果效的老師？他們豈不是那些在生命中，熱愛一些他們認識的事情，而你又十分渴望學習那些事情？想一想那些窮一生精力研究微生物的生物學老師或教授，那些熱愛以木材工作的木匠，那些熱愛養育兒女、從而使自己的生命圓滿的母親。若他們是教導自己的愛的好老師，便能夠為別人創造空間，**向**他們學習，並**與**他們一起學習。福音是聯合我們所有人的歌曲。當我們告訴別人自己熱愛的歌時，同時釋放別人唱出他們的歌。在唱出我們的歌時，我們便接連到一些偉大的事情上，就是上帝自己在世上的大故事這傑作。

歷代許多偉大的教育哲學家，都明白教導與學習不是可以分割的，卻是彼此相屬。有一句形容教會的古老話，描述教會是"*ecclesia docens semper ecclesia dicens*"，翻出來就是「教導的教會總是學習的教會。」這句話帶給我們「教育家是領導學習」[19] 這個觀念。成為別人睿智聲音的師傅，自己的耳朵總是轉向別人的智慧，他們有開放地聆聽、聽見和轉化生命的耳朵。最好的師傅就是能夠維持作最好的學生的人。

「導師若要接觸我們時代在屬靈上覺醒的男女，他們自己必須先覺醒。導師若失去自己與大奧祕（The Mystery）在經驗上的連繫，就不再可靠。導師必須是受『喜悅的動力』感動的人。他們必須忠於那相遇中吸引人的喜樂。他們也必須願意與人分享這份喜悅。」[20] 他們透過自己積極的聆聽生活，學會這種專注。

利斯奧的德蘭（Therese of Lisieux）的自傳《靈心小史》（*Story of a Soul*）是一個深刻的故事，充滿與耶穌深入和愛的關係。德蘭發現基督徒生活不是關於知道需要做甚麼，而是關於實踐。她寫著：「正如小鳥藉著聆聽父母學會唱歌，兒童也是從負責塑造他們心靈的人，學習美德的學問，和神聖愛這首崇高的歌曲。」[21] 聆聽上帝和別人的師傅，邀請徒弟一起聆聽上帝的音樂演奏會。

6. 不能千篇一律：屬靈導引需要隨機應變的明辨力

十架約翰說屬靈導師必須能看見道路，「就是上帝藉以引領心靈的，若他們不知道，便應該容讓心靈在平靜中，不要攪擾它。」[22] 明辨力這屬靈恩賜的重要性，無論怎樣強調也不會過分。明辨力是一種能力，深入地看透一個人的生命或處境的實情。明辨就是明智地觀看。許多人可以分析或批判地觀看，但很少人有明辨的靈。屬靈導引的第六項基礎就是隨機應變的明辨力。

明辨力提出以下這類問題：在這處境中上帝會作甚麼？在這件事情上，上帝的手在哪裏？在我們面前這個神聖時刻，有甚麼神聖經文需要閱讀？這些平凡的時刻可能包含甚麼上帝的特徵？有明辨眼光的師傅不單看見事實、年代和事件的敍述。明辨就是用上帝的遠象去觀看。在帖撒羅尼迦前書五章21節，保羅談及明辨力的基本技巧：「但要凡事察驗，善美的要持守。」

在可以持守之前，我們必須評檢。約翰壹書也呼籲我們要辨別諸靈、要試驗、尋找智慧的道路。畢德生在*The Message*聖經譯本中這樣翻譯約翰壹書四章的前幾節：

> 親愛的朋友，你們所聽見的不要都信。總要小心衡量和試驗別人告訴你的事情。不是所有談論

上帝的人都出於上帝。世上有許多說謊的傳道者出來了。在此有一個試驗真正上帝的靈的方法:凡公開承認自己相信耶穌基督——上帝的兒子,他以真正有血有肉的人身來到世上——的人,就是出於上帝,也屬於上帝。凡拒絕承認相信耶穌的人,就與上帝沒有任何共通之處。

在哥林多前書十二章4至11節,保羅說有各種不同的恩賜,其中一種是辨別或認出諸靈的恩賜。雖然一個人可以受訓明辨地聆聽,但明辨的恩賜只會出於與上帝同行的生命。它是運用敏銳調節的耳朵、集中注意力的眼睛、專注的內心。這樣的人有一種尋求智慧的天性,正如箴言三章5至8節所說:

你要專心仰賴耶和華,
　　不可倚靠自己的聰明。
在你一切所行的事上,都要認定他,
　　他必指引你的路。
不要自以為有智慧,
　　要敬畏耶和華,遠離惡事。
這便醫治你的肚臍,
　　滋潤你的百骨。

一位年輕的大學生來到校園傳道辦公室,懷著一份深切的屬靈關注。她生來就是"MK",即是宣教士的兒女(missionary kid),她「實踐了」基督教信仰多於自作主張,現在她發現自己的禱告沒有生命、沒有喜樂、沒有意義。她的靈性貧血;她的禱告生活是無意義的、無關痛癢的操練。我們坐在一起用心靈等候主,最後我提出一個大膽的建議。「停止禱告!」我說得愈來愈有信心。「停止禱告!你能不能這樣做?不要禱告,直至你需要這樣做為止。」

她有點疑惑地同意,我靜靜為她前面日子的幸福祈禱。不出幾天之內,正確地說是少於一星期,她神采飛揚地回來。「我只能維持數天,接著便不能再忍受。我禱告因為我想要,因為我需要,現在對我來說,禱告是豐盛的時刻。」

明辨力來自大膽、看似瘋狂的屬靈直覺:「停止禱告!」誰會建議這種靈命成長的方法?但這些話卻證實是蘊含智慧的,出自一顆禱告與聆聽的心。

對另一位沮喪的年輕學生,我給她的習作是連續一個月,每天都閱讀以弗所書第一章。當她回來時,她說:「我不肯定為甚麼要不斷重複地閱讀這段説話,但最終我感到對它很熟悉,並領悟了一些事情。當我不斷在每天早上閱讀這段經文時,感受到的愛,是我從未有過的,因為我明白,上帝遠在我出現前早已為我計劃好。」

> 願頌讚歸與我們主耶穌基督的父上帝!他在基督裏,曾賜給我們天上各樣屬靈的福氣。就如上帝從創立世界以前,在基督裏揀選了我們,使我們在他面前成為聖潔,無有瑕疵。(弗一3～4)

屬靈導引工作中的個別性是我們不可忽略的。在每個事例中,都沒有簡單的公式或步驟可以跟從;肯定沒有甚麼五步曲一類的祕方，適合每個徒弟採用，令靈命成長。或許羅耀拉的依納爵最能夠總結師傅隨機應變明辨力的氣質。他說：

> 提供操練的人自己不應轉向或傾向任何一邊，卻要保持在中間，好像天秤一樣，應該讓創造主即時與受造物一起作工，並讓受造物與它的創造主及主宰一起作工。[23]

徒弟為師徒關係帶來原料——問題、課題、掙扎、主意、盼望、夢想、資料、誤報，這些都是生命的基本材料。沒有兩個師傅可能在一個處境中，為徒弟做完全相同的事。目標不是複製一個由別人創作的完美計劃，而是為獨特的徒弟明辨智慧的道路。在每個事例中都不大可能有一條「正確」的道路；更可能是出現許多的選擇，需要隨機應變和明辨。

7. 不是只為專家而設：屬靈導引屬於身為祭司的所有信徒

古代的屬靈指導工作，在許多情況下，是專家的任務，甚至今天也是這樣。通常是一種高度組織、有等級關係，只有單向的焦點——只著眼於訓練屬靈追尋者的靈命塑造。然而我們主張，屬靈導引是全體信徒這個祭司階級的職事，一些需要在廚房桌上、辦公室、實驗室、工廠和貨倉、生產線上、巴士和共用汽車、以及主日學課室和教會中實踐的事情，因為每處都有睿智的師傅和準備作徒弟的人。只要略為回顧聖經中的師傅，就可以支持這個觀點。友尼基對提摩太、腓利門對保羅、亞比該對大衛、亞基拉與百基拉對偉大的神學教師亞波羅，叔父末底改對年輕的姪女以斯帖——所有這些人都擁有師傅的心，雖然只有少數人會掛上一個官方「認可」的師傅招牌。他們正直的生命，使他們有權作屬靈引導的職事。屬靈導引因著其非正式、多元風格和相互性，而適合現今教會生活的模式。

師傅有不同的尺碼和形狀、不同的背景和訓練、不同的能力和風格、不同的種族和經濟地位、有男有女、包括年輕和年長的。上帝的創造力實在奇妙，每個人的經驗都是獨一無二和獨特地寶貴——雖然所有人都有上帝的印記，但每個人都不相同。上帝在我們出生時創造我們，尊重我們每一個人；並藉著邀請我們成為復和的代表，和神聖的愛、恩典和盼望的大使，繼續尊重我們。當我們尋求一起聆聽聖靈上帝——透過師傅——安慰者的生命，祂作為保惠師靠近我們時——導引便屬於基督的整個身體。即使粗略地綜覽聖經的人物，也可以看到導引的各種不同背景、關係和目標。聖經中的師傅都不是來自同一的階級，性別、背景或歷史；他們代表從許多背景而來的人，為許多不同目標介入別人的生命中。

有人主張「任何人都可以／每個人都應該」[24]，也有人提出相反的意見，認為「任何人都可以導引，但不是每個人都應該這樣做。」[25] 當然，任何人都可以在自己特別擅長的技巧、興趣或經驗方面給別人導引。年歲可能是使人有資格作這種導引的其中一個因素；對一個主題、組織或活動有經驗，可能是另一個因素。然而屬靈導引不是單單告訴別人你的經驗，或者宣告你的見解；它需要的是高度發展的聆聽和明辨能力。導引這個詞語的其中一個定義，是拿起一面鏡子反映。反映的是進入徒弟生命中的東西，而不是師傅的卓越。

我們的結論是屬靈導引不是只屬於專家的手中。雖然有些人特別有導引的恩賜，但屬靈導引是整個信仰羣體的工作，正如友誼屬於所有人一樣。我們希望加入一場改革運動，就是讓整個信仰羣體重拾屬靈導引的職事。無數對羣體實踐的聖經勉勵，都獻給這種信徒皆祭司的理解，例如：「彼此勉勵行善」、「用愛心說誠實話」、「彼此認罪」、「彼此代禱」。那麼，誰有能力擔任這職事？我們相信它屬於更大的基督身體中，智慧的心、聆聽的耳和警醒的意。一些古典作家甚至認為，屬靈指導不是人嘗試去做的事；而是徒弟來尋找師傅。

在任何蒙召進行這職事的人的生命中，師傅的技巧都可以培養，也需要提高。把導引的職事只限於神職人員身上，只會繼續令教會的靈性貧乏。若屬靈友誼的殷勤之道，是明白屬靈導引一個引人深思的象徵——我們也這樣相信——那麼，對任務熟練與否這個問題就得以轉化。這個課題不再關乎職位、正規教育或教會的許可；卻與是否準備好和能力有關：你是否在屬靈上準備好幫助別人，成為你和上帝的朋友呢？你是否有能力培養友誼和殷勤呢？你是否敏銳於上帝在你自己生命中的微聲，並能夠協助別人聆聽在他們裏面，上帝歌曲中有時響起的溫柔和弦呢？如果答案是肯定的話，你便擁有一些屬靈導引職事必備的條件。

畢德生講述他與第一位屬靈師傅相遇的故事。那人是畢德生在其中成長的蒙大拿教會的成員。畢德生在二十歲時，從大學回家過暑假，極渴望屬靈的談話，被引導與這位解決問題專家，也是鎮上的萬能先生呂便·蘭斯（Reuben Lance）見面。

> 我的第一位屬靈導師並不知道自己是屬靈導師。他從未聽聞屬靈導師這個詞語，當時我也未聽過。但我們對這個術語的共同無知，並未阻礙這工作的進展。我們一起從事一些我們沒有命名的事情。在暑假期間，我們逢星期二和星期四黃昏，都在教會地庫的祈禱室見面、談話和禱告。我們相處得很好。他不單是我遇見的第一位，也是其中一位最好的屬靈導師……藉著蘭斯祈禱般的聆聽來完成。他沒有甚麼可以告訴我，雖然他在適當的時候會自由地談及自己，但他從不操控。[26]

根據畢德生，蘭斯提供這種自己也不自覺、但卻做得那麼好的導引，只有兩項技巧或先決條件是必需的：**放下知覺**（Unknowing）和**放下關懷**（Uncaring）。**放下知覺**指不需要「努力地傳授教義」並「在奧祕面前悠閒地停頓」[27]的時刻。**放下關懷**指心與靈的抽離，師傅抽身出來，容讓聖靈來負責關懷。正如畢德生指出，「有些時候是不需要關懷，只適合抽離的。聖靈在別人身上所作的，遠遠超過我們所作的。」[28]

在西方世界，這種智慧肯定難以從正規教育中得到。我們受教導去認知，我們受激勵去關懷。這種活動使我們在服事人的職事上感到振奮和有效。畢德生的經驗的智慧十分弔詭：有足夠的認知和關懷，以至可以不作干預。按立和學位都不是這種技巧的先決條件。

反省問題

那麼，甚麼才是作師傅的必備條件呢？

問自己：

- 你最需要從別人身上得到甚麼「智慧」？
- 你在靈友身上尋求甚麼品格？
- 甚麼推動你接近一位可能成為你的屬靈嚮導的人呢？

師傅的特徵

教師需要評檢和證明；學校根據他們在教學方面成功與否接受評估；我們相信我們的社會可以決定產生好或壞教師的因素。我們有量度的標準和方法評估和解答這個問題：教師是甚麼？甚至教練也需要按他們的技巧、生產力和成功來接受評估。屬靈師傅又如何？有沒有一套工具幫助我們評估或量度屬靈師傅的潛力呢？在人力資源行業，人每天都接受評估，他們在各行各業上是否具備有果效所需的「成功要素」。對於一位應要求成為屬靈師傅的人，我們可以怎樣明辨他們是否已作好準備、他們有甚麼能力或潛質呢？運動星探或教練研究運動員在他們體育項目方面天賦和潛質，總是警覺地明辨：他們有否成功的要素？他們可否在他們選擇的競技場所中成才呢？在這章我們提出基礎性的「星探」問題：誰敢為別人承擔屬靈師傅這個崇高任務呢？有沒有量度標準，可以幫助我們評檢一個人是否準備好、以及有沒有能力或才能作別人的師傅？最後，歸根結底，師傅是甚麼？

我們不相信有評檢或評估的測驗，可以輕易量度一個人導引的才能，彷彿這門藝術是一種科學或客觀的學問，可

以運用努力的研究或定量分析。相反,我們相信有一些標記(markings),提出一些屬靈師傅共通的基本技巧和素質:

- 值得仿效的模範
- 聖潔、靈命成熟、有聖經知識和智慧的生命
- 實踐屬靈操練(包括禱告)的人
- 擅長關注和回應式聆聽這種艱苦工作的人
- 有恩賜為別人發掘潛能的人
- 對上帝已經臨在的行動,有屬靈明辨恩賜的人
- 有能力培養信任、接納和空間這種氣氛的人
- 有豐富人生經驗的人
- 能夠為徒弟創造「恩典的操練」和負責任的人

五項屬靈導引的動力

為要更明白導引的過程,討論由甘陵敦首先提出的五項引導的動力,可以建立一個藉以實現屬靈導引的架構。這些將會成為餘下章節討論的主題。我們不認為導引的這五個階段,是跟著一個機械的進程或強加的程式,而是在師傅和徒弟之間建立的羣體中,一個有機、自然的相互影響過程。

- 吸引期:開始及建立師徒關係,也包括吸引的時期
- 關係期:培養一種信任和親密的殷勤關係
- 回應期:透過培養徒弟的積極回應,來維持受教的動力
- 負責任期:透過特殊的負責任操練來改善徒弟的成長
- 加力期:透過增強徒弟意識自己與上帝的親密、有上帝的兒女這個身分及為國度肩負獨一無二的責任,釋放徒弟繼續成長。

給師傅的進一步反省

1. 你最熟悉哪種導引風格?
2. 你對哪一種屬靈導引風格最感興趣?
3. 當你思想聖經中師傅的名單,以及他們與人建立關係的不同目標時,哪一位是你最渴望成為你自己的師徒關係呢?
4. 重溫本章描述的七種屬靈導引的「必需條件」,並進一步思想在屬靈導引的任務上,每一個條件的重要性。
5. 你導引別人時,會怎樣尋求培養和注意與聖靈同工?

給徒弟的進一步反省

1. 再次回想在你生命中曾經作你師傅的人,他們在你生命中扮演甚麼角色?
2. 你有否任何與別人分享自傳的經驗?你對誰講述你的故事或一些你選擇的「篇章」?(參附錄四:發展個人的時間線)
3. 哪種導引風格是你熟悉或感到最自在的?
4. 重溫本章描述的七種屬靈導引的「必需條件」,並進一步思想在你作為徒弟的生命中,每一個條件的重要性。
5. 作為屬靈導引過程中的夥伴,你可以怎樣幫助師傅留意你與聖靈的關係?

註釋：

1. Thomas Merton, *Spiritual Direction and Meditation* (Collegeville, Minn.: Order of St. Benedict Press, 1960), p. 16.
2. Jeanne Guyon, *Experiencing the Depths of Jesus Christ*, ed. Gene Edwards (Beaumont, Tex.: Seed Sowers, 1975), pp. 143 ~ 144.
3. 同上書，頁 7 ~ 8。
4. Philip Babcock Gove, ed., *Webster's Third International Dictionary* (Springfield, Mass.: G. & C. Merriam, 1981), p. 1412.
5. J. Robert Clinton, *The Mentor Handbook* (Altadena, Calif.: Barnabas, 1991).
6. Eugene Peterson, *The Contemplative Pastor: Returning to the Art of Spiritual Direction* (Carol Stream, Ill.: Christianity Today; Dallas: Word, 1989), p. 119.
7. Alan Jones, *Passion for Pilgrimage* (San Francisco: Harper, 1989), p. 4.
8. 同上書，頁 20。
9. Irenaeus, *Five Books of Saint Irenaeus, Bishop of Lyons, Against Heresies*, ed. John Keble (Oxford: J. Parker, 1872), 4.40.6.
10. Margaret Guenther, *Holy Listening: The Art of Spiritual Direction* (Cambridge, Mass.: Cowley, 1992), p. xi.
11. Eugene Peterson, *Under the Unpredictable Plant: An Exploration in Vocational Holiness* (Grand Rapids, Mich.: Eerdmans, 1992), p. 75.
12. 同上書，頁 16。
13. 同上書，頁 86。
14. Merton, *Spiritual Direction*, p. 16.
15. Peterson, *Contemplative Pastor*, p. 69.
16. Kenneth Leech, *Soul Friend: An Invitation to Spiritual Direction* (San Francisco: Harper, 1977), p. vi.
17. Teresa of Ávila, *The Autobiography of St. Teresa of Avila*, ed. E. Allison Peers (New York: Doubleday/Image, 1960), p. 41.
18. Phil Cousineau, *The Art of Pilgrimage* (Berkeley, Calif.: Conari, 1998), pp. xxiii ~ xxiv.
19. Thomas Groome, *Educating for Life: A Spiritual Vision for Every Teacher and Parent* (Allen, Tex.: Thomas More, 1998), p. 416.
20. Carolyn Gratton, *The Art of Spiritual Direction* (New York: Crossroad, 1992), pp. 36 ~ 37.
21. Therese of Lisieux, *Story of a Soul: The Autobiography of St. Therese of Lisieux*, trans. John Clarke (Washington, D. C.: Institute of Carmelite Studies, 1975), p. 113.

22. Cited in A. Aaudreau, *The Degrees of the Spiritual Life* (London: Burns & Oates, 1926), 2:245.
23. Ignatius of Loyola, *The Spiritual Exercises of Ignatius Loyola*, trans. Anthony Mottola (New York: Image, 1964), p. 15.
24. Ted Engstrom, *The Fine Art of Mentoring* (Brentwood, Tenn.: Wolgemuth & Hyatt, 1989), p. 15.
25. Bobb Biehl, *Mentoring* (Nashville: Broadman and Holman, 1996), p. 59.
26. Peterson, *Contemplative Pastor*, pp. 183, 185.
27. 同上書，頁 186。
28. 同上書。

第三章

開始得好的藝術：吸引力

你要學生成為怎樣的人，你就成為怎樣的人

卡里 (Thomas Carlyle)

Augustine

Teresa of Ávila

Julian of Norwich

Ignatius of Loyola

一一一八年冬天，克萊窩的伯納德（Bernard of Clairvaux）病了。他因為禁食及過度操勞而身體變弱，住在一間簡陋的小屋，過著艱苦和簡樸的生活。他的一位年輕學生聖提里的威廉（William of St.-Thierry）到訪那簡陋的茅屋，並描述他看見伯納德之後的反應。

> 那茅屋，正如岔路上安置痲風病人的收容所一樣。在那裏，我發現他洋溢著喜悅，彷彿已進入了天堂的歡樂中。當我凝視這王者的居所及其住客時，充滿著敬畏——上帝是我的見證——彷彿被牽引到上帝的祭壇。我那麼喜愛那人，以至渴望分享他生命中的貧窮和簡樸。若當時我可以有一個願望成真，我願意永遠留在他的身邊，作他的僕人。

十七年後威廉成了熙篤會士。因他與一位後來成了他師傅的人相遇，他的生命永遠改變了。開始時並非刻意的，但在有屬靈吸引力的那一刻，令威廉渴望「分享他生命中的貧窮和簡樸。」[1]

我們所稱為**吸引力**的，是展開和建立師徒關係的時期。我們或許沒有好像威廉那樣戲劇性的相遇，或許也沒有看見激盪地感動人的生命，但我們會經驗到一種上帝的靈在裏面的運行，產生對別人的心或靈或生命的吸引力。吸引力是人對好奇、興趣和訴求的基本反應。當你注意到你尊敬的人的正直、技巧或其他素質時，吸引力便產生。當你想知道在你面前的這個人是否知道一些關於屬靈旅程的事，可以幫助你踏出你渴慕的下一步時，吸引力便產生了。別人身上的一些東西引起你的興趣，並吸引你來到這位準師傅面前。

準師傅不一定是領袖，他們的工作也不一定很容易讓人看見，舞台射燈也不一定不停照射在他們身上。他們可能是沉靜、深藏不露的人，但你卻被他們的品格所吸引。事實上，最好的師傅往往是你所忽視或略過的人，因為他們在職事方面沒有正式的職位或身分。吸引力開展更有計劃的師徒關係，並開始兩個人之間的談話。換言之，這是一個時刻，一個人從另一個人身上認出一種素質、信心、心靈或一些推動或吸引的東西，因而產生一種向那人學習的動機。[2]

在本章我們會集中在一個問題上：你怎樣在一段屬靈師徒關係中「開始得好」？對於一位在屬靈發展上吸引你向他／她求助的人，你怎樣與他／她建立關係？誰採取主動——師傅還是徒弟？使關係穩定的必需基礎步驟是甚麼？有沒有為那段關係建立健康的界限？在本章我們會談及開展一段師徒關係的必需步驟，並就師徒立約，提供一個實用的形式。

開展關係

芹（Ken）站在岔路上，需要有人聆聽他糾纏不清的生命，並幫助他找出其中的屬靈意義。史提夫（Steve）是芹非常尊敬的屬上帝的人，他和聖靈的行動「合拍」。若要為芹提供屬靈導師，一定非史提夫莫屬。畢竟，史提夫在基督教經典方面接受過很多訓練，教授靈命塑造的課程，定期帶領神學生往南達科他州黑山舉行一個名為曠野神學(Wilderness Theology)的課程。

作為芹的學術導師,蘭迪鼓勵他尋找吸引他,可以幫助他發現在他相當複雜的生命難題中,上帝已經臨在的行動的人。芹考慮要求史提夫作自己的師傅,但卻有點猶豫,因為他認為這不是開始一段師徒關係的正當方式。請求別人作自己的師傅似乎相當唐突。芹的反應是典型的:「不是應該由師傅邀請徒弟開始一段師徒關係嗎?」

芹的問題反映了關於導引最常見的問題之一:若我請求別人作我的師傅,是否恰當呢?不幸的事實是,渴望建立屬靈師徒關係的人,若果等待吸引他們的屬靈師傅採取主動的話,需要等待一段很長的時間。更常見的情況是,準徒弟主動尋求屬靈師傅。

兩位研究屬靈指導的當代學者,金姆絲(Marie Theresa Coombs)和連馬克(Francis Kelly Nemeck),都主張採取主動的大部分是徒弟。事實上,他們堅信一個人要知道自己有否屬靈指導的「恩賜」(Charism),其中一個基本方法,就是有沒有人向他們尋求屬靈引導。「因此,呼召作屬靈導師的基本記號,正是有人向自己尋求屬靈指導。」[3]

鍾(Jon)積極地尋求導引。他走進辦公室,並陳述自己的情況:「我相信從你身上學習可以幫助我,我也希望定期(每週)來見你作師徒的交談。」吸引期已經存在了一段時間,他只是按著自己心裏的推動力而行。

另一方面,彼得卻比較內向,需要師傅用類似的話來尋找他:「彼得,我相信你很有領導潛質,我希望你考慮與我建立師徒關係。」

無論是徒弟尋找師傅，還是師傅尋找徒弟，屬靈師徒關係都是由留意別人開始。在師徒關係開始的這一刻，有某種「化學作用」：就是產生了吸引力。它有很多不同方法開始。有時，師傅與徒弟之間的「吸引力」是理性和容易解釋的——兩個人已經有工作關係，或者雙方都是學習小組的成員，或者一位是老師而另一位是學生。在其他時刻，它卻似乎是一種唐突創新的經驗——雙方怎樣發現對方往往是上帝一份令人驚訝的禮物。無論它怎樣發生，吸引力是第一階段，一種注意到另一個人的經驗，並有興趣知道這位可能成為你屬靈師傅的人可以給予你甚麼。吸引力是第一個階段，但只是開始。讓我們回顧一位歷史上的師傅，作為導引工作初期的典範。

以你的生活方式吸引他們

奧古斯丁在公元三五四年生於北非一個小鎮塔加斯特（Tagaste），那個地方在今天的阿爾及利亞境內。他踏進基督教歷史的舞台時，是在君士坦丁成為第一位基督徒羅馬皇帝大約四十年後。奧古斯丁的母親蒙尼卡（Monica）是一位非常虔誠的基督跟隨者，她熱愛和服事上帝。沒有記載讓我們知道他的父親是否信徒。蒙尼卡卻在兒子靈命得到塑造的年日，扮演著重要的角色，她為兒子的拯救和對上帝的服事，付上許多禱告。

奧古斯丁在十七歲之年離開家庭，開始在迦太基接受正規教育，學習修辭學。在他年青的日子，他放縱情欲，在與情婦同居時生了一個兒子。但在學術追求中，他來到一個關鍵的屬靈轉捩點。當他聽到安波羅修（Ambrose）主教很有修辭技巧，而且學術性相當高地宣講福音時，「奧古斯丁深受感動，因為他聽見了他認為是完全可以接納的處理文學的學術進路。因此他開始重新思考他早年對基督教的看法。」[4]

不久，於公元三八六年，在一個朋友的花園內，他發覺不能再逃避自己內心跳動的信念，並將自己的生命降服在上帝的愛面前。在一個經常重述的故事中，奧古斯丁講述一次改變他一生的相遇。當他坐在寧靜美麗、佈置整齊的花園中時，多次聽見重複的聲音，「拿起來讀。拿起來讀。」他環顧四周，卻不見任何人，後來他相信那聲音來自上帝，要感動他自己研讀聖經。他坐在那裏，內心為自己的生命、信仰和靈性摔交，直至那句話令他把聖經「拿起來讀」。透過那次研讀，他從放蕩不羈的生活中悔改過來，並回轉成為耶穌基督的跟從者。他離開情婦，並帶著兒子回到北非，過修道生活。在公元三九六年他成了主教，代替希波的瓦勒利烏（Valerius）。他著名的《懺悔錄》忠實地敍述他的故事，讓所有人看見他充滿缺點的人性。

奧古斯丁的話在吸引期的初期挑戰我們。為那些只花時間在學術研究，卻沒有同時追求靈性與信仰實踐的人，他用看似憤世嫉俗的音調，或至少是提出警告的說話來寫作。然而他的意圖，是挑戰年輕的學生，不單用理性，同時也要用生命和心來學習。《寫給學生迪奧可盧》（*To Diocorus, a student*）是奧古斯丁回答年輕的迪奧可盧提出無數問題的文獻。他的文章宣佈吸引力的基本呼聲：「用你的生活方式吸引他們。」正如「基督教教育的中心就是基督徒教育家的內心」是不證自明的，因此屬靈導引的中心就是屬靈師傅的內心（品格），正如聖靈臨在師傅的內心一樣。

> 最後，假設當你被問及所有你向我提出的問題後，你已經能夠回答。噢，人們現在稱你為受過高深教育和聰敏的人！噢，希臘的氣息以讚美提升你到達天庭！但記著你自己的價值，並你想要得到這讚美的原因：向那麼容易便被你微不足道的談話感動，現在又用那樣切望和善意專注於你話語的人，教導一些極其重要和有益身心的事情。
>
> 我想知道的是，你是否擁有並可以正確地傳授別人任何極其重要和有益身心的事情。荒謬的是，假若，如果你學會了許多不必要的事情，為要預備讓人聆聽你告訴他們甚麼是不可缺少的，你自己並不擁有這些東西；又假若，當你忙於學習怎樣吸引他們的注意力時，在你學會後，你卻拒絕學習需要教導他們的。但假若你說你已經知道，並回答說那就是基督教教義（我希望你喜愛基督教教義過於任何事情，並把你永恆救恩的盼望單單託付給它），你就不需要熟悉西塞羅（Cicero）的對話，並一大堆別人貧乏和分歧的意見，才能夠贏取聽眾。**若你想他們從你身上領受這樣的教導，就用你的生活方式吸引他們。**[5]

奧古斯丁的引文最後一句，為導引過程的初期，提供了豐富的資料。「用你的生活方式吸引他們」，意思是生命的正直是最基本的。奧古斯丁作為有信仰的人，並沒有活出完美的生命，但他著名的《懺悔錄》中有一份誠實，讓人看到品格的吸引力，或者正直的生命的吸引力。知悉一些話是重要的。但唱出歌曲卻是另一回事！經常有人說，在《懺悔錄》

中,奧古斯丁忠誠地描述他的屬靈朝聖之旅,許多人從中聽到自己屬靈旅程的故事的回響。他公開和無情地坦誠的個人懺悔,在他的時代是前所未聞的,尤其是以文字的方式表達。有人甚至建議把《懺悔錄》作為個人靈修日記的先驅。這本書是許多人靈命塑造不可缺少的操練。

雖然他基本上不是從屬靈導引的角度寫作,但他個人的信仰故事,強烈暗示在自己靈命塑造過程中,他給予故事十分高的評價。他的信仰由那些他認識為「告解神父」的屬靈導師導引,這些導師聆聽他、赦免他的罪,加力給他作朝聖之旅。我們不用同意他所有的神學或實踐,才能承認這位初期基督教思想家在歷史上的重要性。他對婦女的觀點和對待她們的方法,在今天對很多人來説都很有問題。他的生命並非一貫和全面地是基督徒品格和行為的最佳模範,但或許正因為這樣,他才成為最值得我們注意的人。若奧古斯丁的故事,是這樣的一團糟、充滿瑕疵、缺陷,有時甚至誤入迷途的,但卻仍然反映一個被上帝使用、影響很多人的生命;或許我們自己那不夠完美的生命也可以被使用,促進別人生命旅程上的屬靈發展。

奧古斯丁的過分勇敢是這種轉化的最佳例子。這個寫《懺悔錄》讓全世界閱讀的人後來勇敢地説:「用你的生活方式吸引他們。」偽善者?騙子?蠢材?還是受恩典轉化的人,因此能夠從自己嚴重的失敗中自由地學習,並願意用自己的錯誤作為塑造別人信仰的教材。開始得好不是從注意徒弟開始,而是從準師傅注意自己的生命和自己故事的誠實開始。

對自己與那些他視為告解神父的人之間的關係,奧古斯丁十分重視其完整性。他認為這種關係的目的不是找別人接受自己告解，而是基督徒旅程必需的關係。奧古斯丁相信這些人是上帝在適當的時刻指派的，主要目的是為徒弟提供引導，讓他們活出聖潔和服事的生命。真正的人講述真正生命的真正故事——就是屬靈導引的精髓。

那麼，我們為甚麼那麼懼怕完全接受我們故事中的每一個轉折，每一個彎角呢？福音的一個重大真理是，我們的故事是獨一無二地給予我們的，為要幫助別人認識他們自己故事的價值和獨一無二。為了使我們的屬靈導引關係有好的開始，我們必須首先有勇氣尊重自己的故事。我們必須明白，上帝創造我們每個人都是有價值的。

反省問題

- 上次別人聽見你的故事是在何時？
- 上次你歡慶自己生命中那有力的獨特性是在何時？你怎樣歡慶？
- 上次你被自己的軟弱緊抓是在何時？
- 你能否把你的軟弱、缺陷和失敗視為品格發展所必需的？

我們生命的故事

接受自己的故事不是容易的任務。畢德生認為我們閱讀聖經故事的方式，扭曲了我們閱讀自己生命的故事。這或許是對的。

> 故事對我們是那麼基本，是因為生命本身有一種敍事的性質——有開始和結束、有情節和角色、有衝突和化解。生命不是抽象概念的累積，例

> 如：愛與真理、罪與拯救、代贖與聖潔。生命是各種相連的細節有機、個人和獨特地實現，包括姓名與指紋、街道號數與本地天氣、晚餐的羔羊與雨中的漏氣輪胎。上帝向我們啟示自己，不是藉著形而上的建構或宇宙性的煙花匯演，卻是用故事的形式，就像我們通常告訴兒童他們是誰，怎樣長大成人；告訴朋友我們是誰和作為人類是怎樣的……在途中某處，我們大多數人都玷染了壞習慣，從聖經中抽取我們自命不凡地稱為「屬靈原則」或「道德指引」或「神學真理」等東西，並且用它們來束緊自己，為要強迫自己的生活有敬虔的外表。[6]

我們曾否努力去遵守那些我們從聖經建立的「原則」，而不是接受和歡慶我們充滿瑕疵、困窘、傷痕的生命——因為這些生命是救贖恩典的故事呢？正如奧古斯丁一樣，我們也可以活出值得仿效的生命——值得在信仰的旅程中吸引別人。這個過程始於接納自己的故事，接納我們自己是誰，並我們身處自己旅程中的甚麼地方，用缺陷、困窘、失望和恐懼來完成。保羅從自己的軟弱，並光照這軟弱的復活大能這個故事中，促請哥林多人接受真理，我們也可以這樣領受那真理。「『因為我的能力，是在人的軟弱上顯得完全。』所以我更喜歡誇自己的軟弱，好叫基督的能力覆庇我」（林後十二9）。

積琪（Jaquie）是神學院中蘭迪的靈命發展小組的成員。小組每隔一星期會面一次，組員只是透過四條問題的協助，講述自己的故事：

1.描述你生命中一次關鍵的經驗。
2.描述你生命中一段關鍵的關係。
3.你認為甚麼是個人的恐懼或軟弱?
4.假若你能揮動魔術棒,你會喜歡怎樣對待自己的生命?

我們不會催迫任何人分享他們的故事。我們同意「憑聖靈感動」去講。每星期都輪流由一個人思考這些問題,其餘的人則聆聽回應中的共通之處。在一個值得記念的早晨,積琪知道輪到她了。她不自覺地把前三個問題編織成一個故事。當她講述自己還是小女孩時怎樣被父親虐待,一個恐懼、痛苦和困窘的故事開始湧流出來。她父親一再侵犯她幼嫩的身體,並不幸地傷害她的心靈。當她幼嫩的身軀得到醫治後,心裏仍然長久地帶著傷痕。積琪心裏認為自己軟弱和無能,而不是一位能幹的女性。

那天,當她繪畫一幅圖畫,表達纏繞著她的恐懼時,她認為自己有的軟弱變得非常明顯。她害怕自己不會成為自己女兒的能幹母親,甚至更壞的是,她擔心同樣具破壞性的虐待會發生在自己無辜的孩子身上。我們幾乎沒有想過,她在講述自己故事時展現的勇氣,竟然為其他組員設定步伐。當其他組員開始鼓起勇氣,講述自己痛苦不堪的故事時,我們都感到很驚訝。

然而,仍然未來臨的轉化時刻,是那天令人意想不到的驚訝。隨著平凡人開始分享他們個人過去的故事時,小組的氣氛由絕望轉為盼望——這個盼望令他們明白,他們故事的痛楚與他們召喚的熱情之間的聯繫。平凡的故事成了不平凡的醫治和團契的時刻。尤有甚者,在講述他們的故事時,組員得到幫助,看見自己的生命被恩典轉化,從破碎、羞辱、痛苦的歷史,轉為能幹、由恩典激勵;由目標引導,可以和別人分享的職事。

積琪幫助我們明白我們都是有吸引力的人。我們有吸引力,因為上帝用獨一無二、寬恕和目標來觸摸和施恩給我們的故事。今天再不是祕密的是,她帶著能力、喜悅和目標服務受虐待的兒童。對那些曾經歷類似黑暗景況的人,積琪有一種磁石般的吸引力。她正學習來自她有勇氣回應自己呼召的喜悅——這個呼召把職事看作從軟弱生出剛強。

今天全職事奉的人面對的試探之一,是以為可以靠自己應付職事的要求這個扭曲了的觀念。有人問一位深受敬重的牧師:「當你有問題、感到挫敗或者成功時,你會找誰?」他的回答代表著極高比例的牧者:「為甚麼?我不用找誰。我是自己從事牧職的。」這是十分危險的事。

在各種不同階層的基督徒領袖中的領導學研究,顯示那些認為自己好好完成職事的人,在自己整個職事生涯中都建立了幾段師徒關係。相反,不能好好完成職事的人,最常見的特徵之一,就是在任職期間缺乏師徒關係。[7] 奧古斯丁給予告解神父的重視,對那些在信仰比賽上奔跑,並希望好好地完成賽事的人來說,是一帖健康的藥方。

對奧古斯丁來說,有吸引力的師傅,是活出聖潔生命,深深經驗與上帝的親密關係,並在生命與職事上有經驗的人。有吸引力的生命,也是在一個充滿接納和信任、富創意殷勤的氣氛下,給予明辨、愛和鼓勵的生命。對奧古斯丁來說,師傅的品格,而不是技巧或學術背景,才是最重要的。

歷史上最偉大的靈修作家之一,阿維拉的大德蘭,因為閱讀奧古斯丁的作品,而有人們稱為「第二次悔改」的經驗,那是信仰和靈性的深化。當她用心閱讀奧古斯丁的《懺悔錄》時，她說在受傷基督的異象中，自己的心破碎了。「當我開始閱讀《懺悔錄》時，我好像看見自己在其中。」[8]她說自己陷入涕淚交流的景況中。正如後面會敍述，當大德蘭的生命既吸引又導引一位選擇以十架約翰為名字的年輕修士時，導引的循環不可阻擋地向前旋轉著。效法信仰的生命在其他人的生命中複製，並會在更多人的生命中繁殖下去。這就是屬靈導引的奇妙。

反省問題

- 你需要甚麼才能夠領受自己的故事？
- 甚麼阻止你尋找屬靈師傅？
- 你的生命在哪方面有吸引力？
- 誰需要你在屬靈上的導引？
- 你會怎樣建立期望與界限呢？

立約

歷代以來的屬靈操練實踐，都建議師傅與靈性追尋者需要藉立約確立關係。立約是上帝在舊約之下及透過耶穌在福音書的新約中和人建立親密關係的其中一個方法。聖經中的立約為初期的師徒關係，提供非常實用的工具。假若吸引力是朝向屬靈導引的旅程的第一步，我們建議盟約的訂立或建立是過程中第二個獨立的步驟。盟約不是一份合同，而是一個在兩個或以上的團體之間非常實用的協議，規限有關各方，因為各方都同意協議上列明的條款。盟約列出在師徒之間一些實用的「內務」協議。有些人喜歡心照不宣，

但我們相信把盟約協議宣讀或甚至寫下來是最好的。以下列出一些屬靈師徒關係的盟約中必須列出的實際需要:

1.為甚麼?

- **動機**回答你為甚麼對師徒關係有興趣的問題。

2.何處?何時?

- **地點**回答在何處見面——公眾或私人地方——的問題。
- **次數**回答見面時間的長短及相隔多久的問題。

3.怎樣?

- **形式**回答時間運用的安排的問題。
- **負責任**回答操練和習作的問題。
- **保密**回答怎樣保存私隱的問題。
- **評估**回答進度及期望的問題。
- **結束**回答關係圓滿結束的問題。

無論這盟約是書寫或口述,對師傅與徒弟了解彼此見面的目的和期望都是寶貴的。盟約的意向程度(intentionality)會為一段可能保持非正式的關係帶來一些正式性。盟約為期望帶來有益的結構,讓期待得以適當地提高。在我們的校園工作中,當有人前來希望與我們建立師徒關係時,我們都會問自己及前來尋找我們的人一連串的問題。這些問題包括為何、甚麼、何時、何地和怎樣。下列的問題是為師傅而寫的。它們提出一些寶貴的問題,讓師傅在與徒弟建立關係的最初階段提出來。

為甚麼?為甚麼是我?甚麼**推動**你選擇我作為你未來的師傅?你對我有甚麼認識或假設,引領你來到我的門口?我們用這些問題幫助尋求者評估觀感,並評定那些觀感的準確性。

為甚麼是你?甚麼**推動**你尋求與我或與任何人建立一個更有意向的導引過程?朋友經常提出一個無價但極之坦率的問題:「在這要求的背後,你有甚麼自私的目的?」這個問題挑戰尋求者評定自己的動機。這個要求是否被罪疚感,或對近期一次講道、一個會議或一篇文章的條件反射式回應?這人是否已預備好為向導引所需的工作和操練委身呢?

為甚麼是現在?這是另一種有關**動機**的問題。我們希望尋求者細心和好好地考慮他們的內在受教性。對奇夫的其中一個最誠實的評估,是在經過一年的屬靈指導後說出來的:「我不相信在你生命中的此刻,你已為這事作好預備。」那句話不是審判或譴責,而是對是否準備好的誠實評價。

甚麼?你在尋找哪種關係和過程?有些人感到孤單,需要朋友。另一些人卻想接近一些他們認為是有地位、權力或才能的人。有些人則好像馬可福音中那個婦人,只是想藉著「摸」師傅「的衣裳」(譯者按:參可五27)得到醫治。因此尋求者渴望建立甚麼關係,必須十分清晰。通常這是在交談中最困難的時刻,因為這些尋求者帶著一份渴慕追求更多的感覺或渴望交談和得到幫助,但他們卻不能清楚表達自己的需要。目標不是從某人身上找到「正確答案」,但必須細心聆聽尋求者說明自己渴望的關係和過程。「若我們花時間在一起,你預期我們會作甚麼?」

何地、何時和怎樣?一旦前述的問題得到解答,何地、何時和怎樣的問題就會變得清晰。

細心考慮見面的**地點**,就是何地的問題,是重要的。辦公室是否最好的地方?是否有足夠的私隱和保密性?餐廳是否容許深度的情緒和聆聽出現呢?地點會否舒適而不受騷擾呢?在地點的選擇上,私隱和保密性是重要的考慮因素。

何時這個問題處理**次數**和**結束**的課題。考慮見面的時間和為時多長是重要的,換言之,就是師徒見面的**頻密程度**。我們是每星期見面一次,是更多還是更少呢?我們計劃每星期用一小時見面,還是每次用更長時間,但頻密度卻較低呢?何時亦與**結束**這個問題有關。我們何時評估和結束這段正式的師徒關係呢?這明顯地取決於所選擇的過程和計劃的活動,但討論這個問題還是重要的。我們怎知道我們何時圓滿結束彼此一起的工作?

怎樣這個問題處理隨之而來的實際過程,就是**形式**、**負責任**、**保密**和**評估**。當大家不在一起時,其中一人或雙方會否閱讀一本書?在見面時間怎樣應用禱告呢?會否提出一連串和負責任有關的連貫性問題,作為討論的引子呢?會否期望寫日記為過程中的一部分?會分享日記的內容嗎?會否邀請其他人(例如配偶或特別的朋友)參與所有或部分過程?我們希望維持甚麼程度的保密?我們怎樣評估師徒關係成功與否,並會多頻密地評估?我們會否實行一些後面會提及的依納爵式操練?用蓋恩夫人的方式和她禱告的觀念又如何?我們會否用後面一章描述的靈閱法呢?(所有這些方法都會在第六章討論)

建立明確的界限

一位十二世紀屬靈友誼的典範瑞沃爾士的伊爾雷德(Aelred of Rievaulx)在考慮屬靈友誼這種親密關係時,堅持建立界限的重要性。伊爾雷德的吸引力的基本源頭之一,和奧古斯丁一樣。雖然伊爾雷德比奧古斯丁在《懺悔錄》的討論中更重視人類關係的價值，但他的經典作品《屬靈友誼》(*Spiritual Friendship*)，反映了奧古斯丁式結構。[9]

建立明確的界限，可以幫助師傅在吸引期評估是否與渴望建立關係的人立約。伊爾雷德的建議來自與兩位名叫和達(Walter)和格勒遜(Gratian)修士進行中的互動，他們都尋求他的屬靈引導。[10]三項有益的指引，反映伊爾雷德為今天的屬靈師徒關係提供的智慧。

一：避免無目的的關係。伊爾雷德強烈的警告，不要開始一段屬靈師徒關係，若它只是基於喜愛，卻沒有特別原因。如果師傅與徒弟對關係都沒有丁點兒原因和目標，真正明辨上帝已經臨在的行動會受到阻礙。「屬靈友誼的開始，首先必須有純正的動機、有方向的原因和適度的克制。」[11]「我喜歡與你見面」可能是良好的第一步，但伊爾雷德會建議我們細心思想**有目標**的見面。

二：避免邪惡的關係。伊爾雷德警告他的兩位徒弟，不要用邪惡的意圖建立關係，他認為這種關係不配稱為友誼。這個類別的關係包括：不名譽的行為，為著保存友誼而損害了信心和正直。我是否被任何可能會損害這個人成長的事物所推動呢？對這人和他個人的困難或歷史，我是否有一種病態的好奇呢？這個人能否給予我關於其他可能在過去傷害過我的人的資料呢？明辨你作為師傅的意圖是必需的。

三：避免自私自利的關係。師傅必須一直都謹慎看待自己在這職分上的動機。若建立關係是為可能有一些很大的個人利益，就應當避免。「因為凡是想得到友誼以外的報酬的人，都未曾學會甚麼是友誼。對那些培養友誼，完全轉向上帝的人，友誼肯定能夠成為報酬，令那些友誼使之聯合的人，浸沉在神聖的默觀之中。」[12]

這些都是我們在立約的初期階段的重要指引。友誼以許多種方式開始。當人們彼此建立更深的親密和信任時，友誼會與日俱增。我們已經看到，要在屬靈師徒關係中開始得好，需要留意別人的生命。你可能被某人吸引，對方可能成為你的師傅。你可能被帶領到一位未來的徒弟那裏，陪伴那人在屬靈旅程上踏出下一步。我們也都明白藉著建立盟約，為屬靈師徒關係帶來意向性的益處。現在吸引的動力已經建立，是時候探索怎樣可以培養一個信任和親密的殷勤之道，讓屬靈師徒關係得以成熟。

給師傅的進一步反省

1. 注意你自己的屬靈健康和滋養。你作為師傅，誰是你的師傅呢？
2. 誰人會準備好進入更深的靈命塑造呢？
3. 上帝有否推動你注意某一個人呢？

給徒弟的進一步反省

1. 禱告。開始尋找屬靈師傅的地方也是結束尋找的地方——在上帝的靈的意向中。求上帝幫助你留意在靈命塑造方面吸引你的人。
2. 實踐明辨力的靈性。在馬太福音十三章，耶穌憶起以賽亞的明辨力。以賽亞知道百姓聽而不知，視而不見；他們油蒙了心，耳朵發沉，眼睛閉著。所以要留意。（譯按：參太十三14～15）

3.許多人開始這種屬靈操練時，都寫有關屬靈自傳、困難和禱告的札記。你或許希望考慮開始寫簡單的札記，記下當日的事件與意義。札記是有助提高注意力的簡單工具。

註釋：

1. James M. Houston, introduction to Bernard of Clairvaux, *The Love of God,* and Aelred of Rievaulx, *Spiritual Friendship*, ed. James M. Houston (Portland, Ore.: Multnomah Press, 1983), p. xiv.
2. 同上書，頁 xiv。
3. Marie Theresa Coombs and Francis Kelly Nemeck, *The Way of Spiritual Direction* (Collegeville, Minn.: Liturgical, 1985), p. 48.
4. From Timothy P. Weber, ed., *The Treasury of Christian Classics* (Nashville: Thomas Nelson, 1994), p. 5.
5. Augustine, *The Letters of Saint Augustine*, ed. John Leinenweber (Liguori, Mo.: Triumph, 1992), p. 99.
6. Eugene Peterson, *Leap over a Wall* (San Francisco: HarperCollins, 1997), pp. 3～4.
7. J. Robert Clinton, *The Mentor Handbook* (Altadena, Calif.: Barnabas, 1991), p. 1 of chapter 7.
8. Teresa of Ávila, *The Book of Life* 9.8。參 Teresa of Ávila, *The Collected Works*, trans. Kieran Kavanaugh and Otilio Rodriguez (Washington, D. C.: Institute of Carmelite Studies, 1976), 1:73。
9. Aelred of Rievaulx, *Spiritual Friendship*, trans. Mary Eugenia Laker (Kalamazoo, Mich.: Cistercian, 1977), pp. 72～73.
10. 同上書，頁 83。
11. 同上書，頁 84。
12. 同上書，頁 84～85。

第四章

發展信任和親密：關係

我們在這裏，你和我，我盼望還有第三位，

就是基督，在我們中間……

現在來吧，親愛的，敞開你的心，

隨你的意願，向這友善的耳朵傾訴，

讓我們欣然接受這地方、時間和閒暇的恩賜。

瑞沃爾士的伊爾雷德

沒有甚麼好像一杯咖啡和一件蘋果餡餅那樣。至少它肯定有助營造親密的時刻,製造難忘的回憶。每隔一個星期二早上十時他們都聚在一起,實行屬靈導引。他們八人都渴望在基督徒旅程中得到更多。蘭迪講述那個故事:

> 雖然我曾與其中幾位男士作個別的屬靈導引,但我希望大家都經驗一起分享彼此的故事。我也希望用屬靈導引的方法導引這些人,以至他們能夠得著能力,在他們的羣體中為別人做同樣的事。我們在我細小但足夠的辦公室見面。牆上都排滿書本,有一個很大的窗户,不時傳來南達科他州的風發出的強烈和咆哮聲。牆上有兩幅畫:一幅展示我在明尼蘇達州杜魯市第一次參加馬拉松時衝線的樣子;另一幅是愛德華·鶴巴 (Edward Hopper) 的名畫《夜鷹》(*Nighthawks*)。我經常跳進這幅畫中,問咖啡店裏那些孤獨的人物:「那麼,你們有甚麼故事?」這個問題或許就是我們在屬靈導引上需要問的基本問題。
>
> 為了讓我們彼此了解,需要一種有助講述自己故事的氣氛。作為小組領袖,我的責任是營造一個安全和賓至如歸的空間,讓大家的故事可以完全讓別人聽見。營造氣氛的意思是敏鋭察覺侵擾彼此信任與親密的地方。也表示若有人戴上虛偽外表,為要

> 發現那些真實的人，我需要幫助大家除去面具。我知道我需要用適當的問題和練習，像祭司那樣進行。
>
> 我們見面，是因為我們希望找到自己生命的意義，並為我們下一階段的旅程找到神聖的指導。我們在一起的時候，經常出現三個問題：當……時，上帝在何處？我是誰？上帝現在期望透過我作甚麼？
>
> 講述我們的故事不單是分享記憶的練習：回想改變生命的時刻，無論是好是壞，或者交換戰場上的經驗。它更是讓我們每個人都看到，在我們生命的故事中，上帝已經臨在的行動。當我們講述那些故事時，已經開始的友誼會進深，已經存在的信任會增大，已經認識的親密關係，會變得更開放。在吸引期和立約的初期已經開始的，現在朝向一個增強信任和親密關係的較後階段。

在本章我們會討論師徒之間發展信任和親密，這種動力就是**關係**。甘陵敦為關係動力下的定義是「師徒之間增長的互動信任，是積極回應和負責任發揮功能的基礎，最終能夠加力。」[1]

一旦過程在起始的吸引期開始，在徒弟的生命中，需要甚麼維持屬靈師徒關係？我們會指出兩個指導性隱喻，來描述發展信任和親密的過程——友誼和殷勤。這個過程用不著魔法或火箭科學；卻需要實踐兩種日常的關係性技巧。發展信任和親密是關係的基礎，也是師徒雙方的責任。它包含由兩個人付出和接受信任的互動，他們都朝向一個親密和深入的關係前進。信任透過聆聽培養，因為聆聽對愛，就好像呼吸對生命一樣。透過給予付出信任的人關懷，能夠贏得信任。在培養友誼和殷勤中，信任便會出現。

在屬靈導引的藝術中，關係的動力是最基本的。適時、敏銳地培養信任和親密，是屬靈導引過程中關鍵性的連結，容許負責任和積極回應帶來加力。但當你的生命歷史將你癱瘓，阻止你信任時，你怎能夠用最深的認同來信任別人？只有在信任、親密關係的安穩中，你才能夠再次學會信任。我們稱之為「創造一個安全的空間」。但這樣的「安全空間」究竟像甚麼呢？

為發現創造安全空間

我們所談及屬靈導引關係的初期，在其他地方被稱為「營造賓至如歸的學習環境。」[2]它是一個歡迎學習、尊重成長和渴望信任的親密的地方。柏克·龐馬（Parker Palmer）在《尋求認知正如我們被認知》（*To Know As We Are Known*）一書中指出，學習的空間既是心與思想的地方，也是地理上的位置。他所謂的「教育的精神」，非常接近我們所說的師徒關係的靈性。

龐馬相信營造學習的空間有三個必備的特徵：開放、界限和殷勤。「開放」意指除去學習的障礙。這些障礙可能是教與學在其中進行的物質空間；但也可能只是不信任、負面、標籤和懼怕等障礙。龐馬指的「界限」是一個學習空間需要有的限制。要令老師與學生感到安全，需要建立某些界限。例如時間和計劃、信任和保密的界限。「殷勤」意指視彼此為客人，將對方當為貴客般歡迎。它表示當每個人都帶著掙扎和難題而來時，我們都以開放和關懷彼此接待。我們做一些事，創造環境，讓羣體得以形成。[3]

龐馬發現，學習不限於理性或情感層面。所有學習都有靈性的面向，讓我們在尋求得到別人認識時也認識別人。尋求真理必須涉及與別人建立關係和立約，讓我們可以在信任和親密的環境中一起學習。師傅自覺和刻意地負責，是營造一種氣氛，讓師傅知道可以安全地探索、懷疑和驚嘆。在培養增長的信任和親密的關係上，師傅有以下任務：

- 營造歡迎徒弟、安全和開放的空間
- 營造有保密、結構和指引界限的空間
- 營造歡迎問題、掙扎、情緒和疑惑的空間
- 營造培養思想、好奇、驚訝和喜樂的空間
- 營造尊重世俗作為神聖恩典載體的空間

在屬靈導引過程中，營造安全空間是一個持續不斷的任務。在這種環境中，我們非常重視兩個或以上的人認真地看待說出的話，這話不單星期一到星期五，也在週末和主日的紊亂中，顯示人生命的文本。安全的地方，而不是公式、步驟或程序，才容許信任和親密得到發現。

藉著師傅的幫助，任何在屬靈朝聖之旅有進步的徒弟，都能夠描述可以安全交談的導引場景。我們大多數人都學會大膽地與人談論任何事情，除了個人的靈性。我們自由地談論我們對星巴克咖啡店（Starbucks Coffee）、芝加哥小熊棒球隊（Chicago Cubs）或普格海灣（Puget Sound）的熱愛，但當我們談論與上帝的關係時，總是比較有保留。我們想講述自己生命的故事，但卻懷疑，我們的故事是否太平凡、太混亂、太世俗或只是太複雜。師傅持續不斷的角色，就是營造和培養一個安全的地方，讓徒弟可以向師傅揭露自己內在的自我。因為要使關係發展為親密的信任，師傅與徒弟對罪、

痛苦和關乎活出神聖和服事的生命的問題都需要開放。若要有效改變生命,徒弟必須學會積極回應師傅提供的智慧。意思是師傅愈來愈得到許可,提出一些很難回答,但卻可以穿透我們大多數人戴著的面具的問題。

若師傅不是一個緊緊地保守祕密的人,「可以說出來」這種保證只會好像空洞的回聲般落空。若師傅似乎對徒弟的故事流露出過分的好奇,「我不會告訴任何人」的保證也可以好像空話。

信任的發展像藝術多於指南。當兩個人以朋友相待,敢於彼此揭示自己最隱密的靈性自我時,信任和親密便在蹣跚的腳步或在結結巴巴地講述故事中展開。

在本章我們會回到十二世紀,一位名叫伊爾雷德的教士那裏,他寫了一本名為《屬靈友誼》的書。他對師傅作為靈友的概念,為我們在培養師徒關係上,給予重要和實用的指引。

亦師亦友

在屬靈指導的古典世界中,師傅是嚮導、導師、統治者,有時甚至是權威人物。師傅往往都是修士,司鐸或牧職學者,在社會上受到高度尊敬。今天在非正式關係上結識師傅是相當普遍的:老師和學生、教練和球隊、一班朋友在咖啡室見面進行屬靈交談。他們為禱告、團契和靈命塑造而聚集。友誼和殷勤因而為屬靈導引提供自然和舒適的環境。兩位屬靈老師,瑞沃爾士的伊爾雷德和盧雲(Henri Nouwen),提供兩個實際的隱喻,幫助我們重視屬靈友誼的「日常聖禮」,並教導我們友誼是讓我們的心靈得到靈性塑造的環境。

在十二世紀，一位名叫伊爾雷德的年輕教士，反思偉大的斯多亞派哲學家西塞羅的經典作品《論友誼》(*De Amicitia*)，並在他自己的作品《屬靈友誼》中提出自己的見解。然而在講述伊爾雷德的故事之先，我們必須先談談他的朋友克萊窩的伯納德，因為亦師亦友的伯納德，塑造了伊爾雷德及他的思想和作品。

在二十二歲這樣年青的時候，伯納德已經決定在英國本土過修道生活，並開始一生都奉行的做法──他沒有獨自進入修道院，而是帶同五位家庭成員，包括四位兄弟和一位叔叔，並二十五位朋友。當這位屬靈人物創立熙篤會運動(Cistercian Movement)時，這種做法成了一個一再重複的模式。伯納德成了伊爾雷德、聖提里的威廉和無數人的師傅，發起了一項運動，今天我們需要重新發現這運動的理智和敬虔的真理。簡單地說，伯納德的信念是「對上帝的知識，只能在貧窮、簡樸和獨處中專注於上帝才能得到。」[4]

在其中一篇《雅歌的講章》(*Sermons on the Song of Songs*)中，伯納德寫道：

> 我的弟兄，我給你們的指示，與我給世人的不同；至少，態度上會不同⋯⋯那是保羅的教導方法⋯⋯為靈性上覺醒的人提供的是營養更豐富的飲食⋯⋯他說：「我們教導，不是用哲學方式來教導，而是用聖靈的方式教導你們；我們屬靈地教導屬靈的事」(林前二13)。[5]

對於來自北英格蘭赫斯咸市(Hexham)的年輕伊爾雷

德的寫作能力,伯納德留下很深的印象。並極力鼓勵伊爾雷德撰寫《屬靈友誼》一書。伊爾雷德在理解屬靈關係上的歷史性衝擊,是前無古人的。有趣的是,觀察到當他停止嘗試從哲學架構寫作,單單信任自己的經驗和觀點時,他的作品變得更有洞見。

伊爾雷德的生命屢屢有屬靈引導的經驗,影響他視友誼為一種屬靈指導形式的洞見。在古代封建時期,他經過一個普遍的習俗進入成年期。富家子弟通常會在其他上流社會成員的家中,接受一年的監護和訓練。這種習俗,稱為「收養期」,會訓練年輕人適合他們身分的事務,並建立友誼的網絡,是他們有權力和責任的地位所必需的。伊爾雷德在十五歲的少年時期,進入蘇格蘭王宮過他的收養期。他進入年輕的成年期,是始於一段師徒關係的經驗。毫不令人驚訝的是,他的生命也以相似的方式終結,一羣教士聚集圍繞他,正如他們經常為談話、導引和友誼所做的一樣。他寫出友誼對生命深處的貢獻。他對友誼的三個觀念,讓我們讚賞他思想的深度。

因為友誼在今生和來生結出果子。[6]

有一個你敢於平等地對他説話,正如對另一個自己説話一樣的人,是何等快樂、安全和喜悦;你不需懼怕向他承認自己的失敗;你可以毫不害羞地讓他知道你在屬靈生命上的進展;你可以把你所有心中的秘密付託給他,並在他面前展示你所有的計劃!因此,還有甚麼比一個人的心靈與另一個人聯合,以至二合為一更令人喜悦呢?就是以後不用害怕誇耀,不用對懷疑感到恐懼,不會因為被別人糾正而

> 感痛苦，對一方的讚賞不會為另一方帶來諂媚的指控。正如智者說：「朋友是生命的良藥。」[7]
>
> 友誼藉著分擔與分享，提高成功的喜樂，緩和逆境的傷痛。因此朋友是生命中最好的良藥。甚至哲學家也因為以下這個思想而喜樂：我們最用得著的，不是水、不是太陽、不是火，而是朋友。在每個追尋中的每個行動，在肯定中，在懷疑中，在每件事件和機會中，不論是任何方式，在私人和公眾地方，在每次深思熟慮中，在家中和海外，在每處地方，友誼都得到欣賞，朋友都被視為必須，朋友的服事也是有功效的。杜利烏斯(Tullius)說：「因此，朋友，雖缺猶存，雖窮猶富，雖弱猶強，而且看來奇異的是——雖死猶生。」因此富有的人珍惜友誼，視之為自己的榮耀；被放逐的人視之為自己的本土；窮人視之為自己的財富；病人視之為自己的良藥；死亡視之為自己的生命；健康視之為自己的魅力；軟弱視之為自己的力量；強者視之為自己的獎賞。[8]

脫離關係的處境，一個人可以接受有關親密的屬靈事物的教導嗎?克萊窩的伯納德會說不能。不用以親密信任的友誼作為基礎，一個人可否在屬靈上導引別人呢?伊爾雷德會說不能。效法耶穌與門徒的方式的屬靈導引會說不能。屬靈導引的精髓，就是一種信任和顯出親密的關係，是彼此分享並與主耶穌基督分享的友誼。它或許不是那種分享社交活動和事件的友誼，但卻是最高級的友誼，分享內心的友誼。

反省問題

花一點時間反省你自己的友誼對你的靈命發展的價值。

- 你的友誼怎樣塑造（formed）、**誤**造（*mis*formed）、**變**造（*mal*formed）和**轉**化（*trans*formed）你作為有信仰的人？
- 你的友誼在你的靈命成長上給你甚麼實際益處？
- 誰成了你最信任的朋友？為甚麼？這些友誼怎樣發展呢？

友誼的階段

伊爾雷德教導我們友誼有階段之分，我們相信就是相等於師徒關係中的「步驟」。或許沒有嚴格定義，所有關係都經過的步驟，但伊爾雷德非常強調在屬靈友誼的發展上四種流動的步驟：選擇期、適應期、許可期與和諧期。

> 朋友必須用最大的小心來選擇，並用極度的謹慎來試驗。但一旦確定了，只要他不是從建立的基礎上不可逆轉地退縮，你便必須這樣容忍、這樣對待、這樣尊重；在身體並靈性上，他都是屬於你的，你也是屬於他的，因此你們的心思、喜愛、意志或判斷都不會分割。所以，一個人攀上友誼的完全，要經歷四個階段：第一是選擇期、第二是適應期、第三是許可期、第四是以仁慈和善良，在人性和神性的事上達至完全的和諧期。[9]

這些友誼的步驟，確保兩個朋友之間的信任和親密得以培養。對伊爾雷德來說，愛是維繫關係的力量。「可以有愛卻沒有友誼，但不可能有友誼卻沒有愛。」[10] 師徒關係好像友誼一樣,是一個過程。我們需要努力發展信任和親密,伊爾雷德相信朋友會經過這四個步驟,為要達到靈命成熟的信任和親密。無可否認,今天我們很少這樣有條不紊地談及發展友誼,但伊爾雷德認為友誼在我們的生活中實在太重要,以至不應隨便和反覆無常地看待它。

當你閱讀他的四個步驟時,想想這怎樣可以指導師徒關係的發展。在每個發展屬靈友誼的步驟之後,都提出了一些問題。

選擇期。伊爾雷德邀請我們在屬靈友誼中尋找幾種元素:愛、喜愛、安全感和快樂。

> 愛表示用善意、喜愛和內在喜悅給予服事,就是愛的外在顯示;安全感,沒有懼怕和懷疑地顯明所有心事;快樂,一種喜悅和友善地分享所有發生的事件,不論是愉快或哀傷;分享所有的思想,不論是有害或有用;分享教或學的一切。[11]

- 作為師傅或徒弟你被誰吸引?哪一種伊爾雷德的友誼元素吸引你接近這人?

適應期。伊爾雷德描述四種個人特徵,是在友誼的初期發展中受到試驗的。

> 在朋友中有四種素質是必須**試驗**的:忠誠(loyalty)、正確意圖(right intention)、謹慎(discretion)和忍耐(patience),這樣你才可以安全地信賴他。正確的意圖,就是他對你的友誼沒有期望甚麼,除了

> 上帝及其天然的善良。謹慎，就是他明白作為朋友需要做甚麼，從朋友身上要尋求甚麼，為他的緣故要忍受甚麼痛苦、要為甚麼善行恭賀他；並因為我們認為朋友有時必須得到糾正，他必須知道這種糾正應該為哪些錯誤而做，同時也知道用甚麼態度、時間和地點進行。最後是忍耐，就是他不會為受到譴責而憂傷，也不棄絕譴責他的人；而且他為了朋友的緣故，甘願接受逆境。[12]

- 你作為師傅與徒弟，會採取甚麼步驟，來營造一種試驗與明辨的精神呢？你會怎樣試驗徒弟是否準備好，接受屬靈導引的嚴格工作呢？

許可期。發覺認識的人值得信任，並完全許可建立友誼。

> 我們用所有的親愛接受許多人，但卻沒有許可他們進入友誼的奧祕，那裏尤其包含顯明我們所有的祕密和計劃。……正如聖安波羅修說：「他給予友誼的方程式讓我們跟隨：就是我們按朋友的意願去做，我們向朋友揭示任何在我們內心的祕密，我們也不忽略他們的祕密。讓我們向他赤誠敞開自己的內心，也讓他向我們敞開自己。因為朋友是沒有隱瞞的。若他是對的，他傾吐自己的心意，正如主耶穌傾出天父的奧祕一樣。」這是聖安波羅修說的。所以，有幾多人值得我們愛，以至可以不加思考地赤誠敞開我們的心靈，並傾倒我們的心內呢！有幾多人的年齡或感覺或謹慎不足以承擔這種啟示。[13]

- 在你導引的時候，有否證據顯示，信任和開放都正在增長？你可以怎樣看見友誼正在你們中間加深呢？

和諧期。持續不斷的友誼可以發展成更深度的關係。

> 所以，讓一個人向他的朋友順應和調適自己，以至與他的性情和諧。正如一個人必須在朋友挫敗時幫助他，因此他必須更準備好在心靈遇到考驗時，趕快去援助他。[14]
>
> 彼此分憂是何等大的益處呀，彼此分擔就是承擔彼此的重擔，當每個人都為別人忘卻自己，寧願要別人的意願而不是自己的，服事別人的需要而不是自己的，對抗和顯露自己在不幸中，就會覺得甘甜！同時，當朋友能夠彼此交談，互相展現大家的興趣，一起研究所有事物，並且都有相同意見時，是何等喜悅啊！還加上來自朋友的彼此代禱，當它用眼淚激起懼怕或喚起親愛或產生傷痛，更有愛心地傳達給上帝時，在比例上更顯果效。[15]

- 你們是否都熱切期待你們編定的時間呢？當你們在一起進行的工作深化時，你們彼此的代禱怎樣深化呢？

伊爾雷德認為友誼是屬靈引導的精髓。事實上，他似乎不認為屬靈引導可以和朋友間的愛分開。今天「**友誼**」一詞用得太隨便了。朋友可能是那些在我們公司共事或一起乘搭升降機的人；他們可能是我們相識的人或鄰舍，只是隔著小巷或在雜貨店內見過。對伊爾雷德來說，朋友是我們愛和關懷的人，是我們渴望與他一起在信仰和職事中成長的人。

反省問題

- 在與你的徒弟發展信任和親密時，若你將這人當為朋友，並視你的屬靈責任為友誼時，會有甚麼分別？
- 在你最重要的關係上，你怎樣培養信任？
- 在與你最接近和最有深度的朋友之間發展親密關係時，是甚麼發生作用？
- 你作為屬靈師傅，怎樣應用從友誼轉化過來的操練呢？在幾乎所有深度的友誼中，都有幾項不可簡化的基礎：
- 實踐細心而投入的聆聽
- 實踐發出深思和表示關心的問題
- 實踐保密，就是尊重朋友的私隱
- 在朋友之間實踐漸進式地付出和接受信任

師傅作為主人

先知型學者兼教士盧雲經常把殷勤之道與職事作為重要的隱喻連繫起來。他認為殷勤之道就是營造自由和開放的空間的過程，讓人們可以毫無懼怕與敵意地見面。因此提供殷勤對待，對靈命發展有著重大意義。

> 雖然世上許多（我們甚至可以說大多數）陌生人，都很容易成了可怕的敵意的犧牲者；但所有男女都有可能提供開放和殷勤的空間，讓陌生人可以拋開他們的陌生，成為我們的同伴，基督徒更必須這樣做……那是我們的天職：使"*hostis*"轉化為"*hospes*"，即是使**敵人**變成**客人**，並營造自由和無懼的空間，讓兄弟姊妹的情誼得以形成和完全地得以經驗。[16]

因此殷勤是一種朋友的職事，為了給別人加添心力、培養、成長和歡樂，向他們開放生活、家庭和內心。正如伊爾雷德談及屬靈友誼作為一種需要珍惜的美德，盧雲談及殷勤作為一種聖經提到的天職，是基督徒特別適合的。

> 當敵對轉化為殷勤時，懼怕的陌生人便可以變成客人，向主人顯示他們帶著的應許。因此事實上，主客之別已證明為只是人工的，並在明白新建立的合一中消失。因此聖經故事幫助我們不單明白殷勤是一種重要的美德，更重要的是，在殷勤的處境下，主人和客人都可以顯露他們最寶貴的禮物，並為彼此帶來新生命。[17]

在另一處盧雲補充說：

> 除非教師在一定程度上成為朋友，否則他們可能不能成為真正的教師。換言之，當耶穌對門徒說：「我不再稱你們為僕人；……我稱你們為朋友」（約十五15）時，祂實在成了他們真正的教師，因為所有的懼怕都被克服，真正的學習可以開始。[18]

那些個別認識盧雲的人，都說他是一個渴望有家的感覺的人，他渴望有一個殷勤的地方，讓他可以完全得到聆聽、完全得到接納、完全得到愛。他似乎在他親愛的朋友亞當身上，找到這種殷勤的空間。亞當是一個嚴重殘障的年輕人，住在方舟團體的黎明之家（L'Arche Daybreak Community）。

盧雲從著名的哈佛大學轉到方舟團體中生活，殊不容易。他在新住所的第一項任務，就是為他的一位舍友亞當提供非常貼身的照顧。透過這弔詭的關係，盧雲發現自己受到深深的愛的真理。他的話向我們表達一個神聖的呼召，透過一位屬靈師傅（好像亞當這樣的人）的同在，認識我們受到深深的愛。

> 在我們這個充滿恐懼、焦慮、孤單、消沉、失落感的社會，每個人都不住尋找指引。我們多麼渴望有人——領袖、屬靈導師或靈友——可以幫助我們找到意義，令我們不再感到迷惑，指引我們尋到內裏的完全、自由及平安。很多時候，我們都會追尋有名氣、有智慧、能洞察人心、有屬靈靈敏度和實際生活體驗的人。問題可能是我們期望太高，我們找到的導師也付出太多；因此我們變得倚賴，而他們變得操縱。亞當是我生平所遇過，最少操縱和最多倚賴的導師。可能因為這樣，我那麼相信他的道路。我相信他能像耶穌一樣行神蹟，因為他從沒有自認行過這些神蹟。他沒有要求別人給他金錢、名譽，甚至只是一聲謝謝。神正透過完全無力的亞當醫治……我自己。[19]

在友誼和殷勤的相互分享中，靈命塑造以自然和整全的方式產生。伊爾雷德和盧雲都幫助我們看見導引是屬靈友誼的過程，為上帝、徒弟和師傅營造殷勤。雖然有些人在友誼和殷勤的技巧上有獨特的恩賜，但不管我們的能力如何，在一個友誼和殷勤的關係自然流露的氣氛下，教會可以培養屬靈的友誼。亞當給予盧雲的禮物，是一份無條件友誼的殷勤——在同時給予和接受愛中，自由地提供的空間。這些有關屬靈導引第二個步驟的隱喻，很容易達到，也富暗示性，能夠吸引我們。我們都有朋友，並經驗過殷勤，無論是作為主人還是客人。屬靈導引的步驟緊隨著友誼和殷勤的步驟——在漸進的誠實、信任、親密和開放中，我們向別人開放家庭或自己。

赤誠敞開的勇氣

除非師傅、領袖、傳道或教師赤誠敞開，否則信任和親密的安全、殷勤的空間永遠都不會實現。在我們研究歷史上的作家時，我們開始留意到，師徒關係不是建基於訓練、教育或祕傳的知識，而是在品格、內心、經驗、智慧和明辨中找到。學習就是分享——故事、問題、洞見、混亂、痛苦、弔詭和喜樂。明辨力不是給予的；而是分享的。智慧不是強加的；而是描繪的。品格不是教導的；而是喚起的。作為師傅，我們運用赤誠敞開的勇氣，獻出我們的生命和經驗，我們的正直和失敗，我們的理解和混亂，讓關係中的雙方都有所學習。在赤誠敞開的勇氣中，師傅敢於放下能力和防衛性。當師傅赤誠敞開時，他或她除去面具，並敢於敞開自己的故事——以未經修訂的版本——但只有在這樣做能夠給徒弟同樣自由地分享的時候才這樣做。赤誠敞開不是一張許可證，透過師傅以前的經驗，描述徒弟的每個經驗。對師傅來說，「讓我告訴你那對我來說是怎樣的」是危險的方向。必須用智慧明辨何時才是適當的時間，在談話中插入師傅自己的故事。

師傅最個人的分享，不是一種教導的技巧；而是讓關係產生的空間，因此才可能有專注的學習。耶穌最戲劇性的道成肉身是虛己，一種能力和地位的"*kenosis*"（倒空自己），以至他可以成為血肉地臨近人。當保羅在耶穌的事工上用"*kenosis*"一詞時，他說耶穌「虛己」，為要成為我們當中的一員。成為血肉的臨近（incarnational availability）是虛己的工作，要求師徒之間說真話。伊爾雷德簡潔地說，「一個人實在負有向朋友講真話的義務，否則友誼之名就毫無價值。」[20]

當盧雲寫一本有關牧職的書時，他給那本書命名為《負傷的治療者》（*The Wounded Healer*），因為他明白，只有那些內心曾被生命的苦難傷害的人，才可以真摯地臨近別人；透過講述自己痛苦和喜樂的歷史，我們才能夠服事別人的需要，那就是牧職了。師傅愈來愈學會分享個人的故事，正好像好主人與訪客分享他自己城市的經驗，不是強迫地或要求客人複製主人的經驗，而是讓客人自由和自願。師傅相信透過與徒弟一起生活和分享的生命，可以發現新生命。在與徒弟關係的旅程上，師傅必須有勇氣赤誠敞開。師傅也會有能力看見超越現在，不是因為性格樂觀，而是因為明白上帝是復活的主和復活的盼望。

奇夫記得自己神學生年代，一段特殊考驗的時候：

> 我坐在我的師傅兼朋友的辦公室內。他曾多次引導我找到答案、解答、解釋和智慧。他通常都容易和快速地說出他的話，而且有很多讓我培養技巧的建議，但這天他沉默了，雙手交疊，放在辦公桌上。然後他站起來在房間內徘徊。他說：「你也知道，偉

大的講道家富司迪（Harry Emerson Fosdick）在我生命中有很大的影響。在美國歷史上，從他的年代起，他的講章是其中最好的。你可能不知道的是，他在年輕時成長的關鍵時刻，曾經受過精神崩潰之苦，就這經驗塑造了他一生的講道。」這歷史課引起我極大興趣，但我不用等太久，他便提到要點。「在我的學院生涯，也經驗到類似的事情。」在往後的一小時，他慢慢揭示自己的創傷、混亂、痛楚和憂傷，同時仍然用心解答我驚訝和笨拙的問題。

那天他沒有給我任何答案——難道有答案嗎？他沒有給予我的難題提出任何解決方法。他沒有給我任何指引，令我最終能夠解決困難，沒有提供智慧指點我的迷津。那天我遇見一位巧妙和能幹的人，他也是一位勇敢的師傅。他明辨教導我技巧和指示我生命的分別。他明辨甚麼時候應該告訴我我需要聽見的話，甚麼時候赤誠敞開，並說：「今天沒有答案——只有故事。」當他邀請我加入他與一位歷史上一位偉大講道家在不認識的餐桌上時，在他講的故事中，尤其是他自己朝聖之旅的迂迴路上，他為我營造了殷勤。聆聽和發問相關的問題固然重要，但為徒弟及關係的好處，勇敢和開放的個人分享時間也是需要的。

反省問題

- 你怎樣對你尋求導引的人赤誠敞開？
- 「虛己」在你看來是怎樣的？

- 你渴望生命中在哪一方面有能力？

屬靈師傅應該避免的四種主要錯誤

- 彌賽亞情意結（Messiah Complex）：我相信我要把你從生命的掙扎和痛楚中拯救或釋放出來。
- 問題解決者心態（Problem-Solver Mentality）：我相信我的角色是告訴你正確的答案，或為你提供一條出路。
- 生產線綜合症（Assembly-Line Syndrome）：我相信我的角色是塑造你成為預定的形狀或產品。
- 智慧分配者進路（Wisdom Dispenser Approach）：我相信我必須在每次與徒弟見面時，按需求分配智慧，因為我是智慧和真理的泉源。

當師傅成了彌賽亞、問題解決者、生產線工人或智慧分配者時，靈命塑造的機會便會變得有限。師傅不是這四類人，雖然解決問題、智慧和答案可以是展開過程的一部分。明辨力是師傅重價的珍珠。要得到明辨力，需要赤誠敞開、謙卑和敞開的耳朵，聆聽上帝的靈的聲音。

發展友誼和殷勤必備的基本功能

在初期見面和分享的談話中，關係是怎樣發展呢？屬靈導引作為友誼和殷勤會集中在師傅的三個基本功能上：

- 神聖的聆聽（Holy Listening）：給予注意、發展同伴關係、享受友誼，與徒弟結伴同行，並在任何地方都覺察聖靈的同在。
- 神聖的看見（Holy Seeing）：在徒弟的發展上，懷著愛心、憐憫、真誠的關心、關懷和興趣來觀察他們。

- 整全的聆聽(Wholly Listening):完全和真摯地和屬靈追尋者和聖靈同在,有勇氣赤誠敞開,就是適當地向徒弟揭示自我,這種開放讓整個我聆聽整個你。

神聖的聆聽。正如耶穌透過非正式的「路上」生命來教導,導引也幫助我們聆聽在「路上」的生命。在教會中有一個可怕和具破壞性的觀念,就是屬靈的事只發生在教會內、在崇拜中或有牧師參與時。我們相信上帝在所有這些時間都會和我們溝通,但學習心靈的音樂,就正如小孩學習唱歌一樣,是在「路上」的。小孩會等到音樂課或演唱會時才引吭高歌嗎?她會制止自己的舌頭,直至認為是演奏音樂的「適當時間」嗎?聖靈沒有在時間、地點和時刻上,為我們的心靈學習唱歌設定限制。申命記六章中家長訓話這個有幫助的形像,有力地敍述在「路上」學習靈性的現世性和實用性。

> 我今日所吩咐你的話,都要記在心上;也要殷勤教訓你的兒女,
>
> 無論你坐在家裏,行在路上、躺下、起來,都要談論。
>
> 也要繫在手上為記號,戴在額上為經文。
>
> 又要寫在你房屋的門框上,並你的城門上。(申六6～9)

希伯來父母熱切期望他們的兒女認識關於他們的上帝雅威(Yahweh)的真理。他們堅持兒童要學習記憶和背誦他們歷史的音樂和這音樂體現的神學。他們同時明白,學習某程度上與他們兒女的生活經驗相連。因此他們描述

了多種不同的學習姿勢：坐下、躺下、行走、站著。兒女得到鼓勵，要留意他們現世的生活。課程是不斷展現的教學大綱，充滿問題、疑惑和挫敗的。他們沒有應用學習的語言，卻在生活經驗中教導兒女。兒女從生活中學習。如果兒童在「路上」中自然和積極回應時刻接受教導，他們會學懂唱出信仰之歌。

希伯來父母更明白，靈性教育需要在親密和愛的關係中進行。學習信仰從來都不是學術上的追求，與家庭和生活割裂，教導觀念和抽象的概念。相反，學習信仰是在生命本身的具體時刻中，一個自然、展現、實用、整全的發現過程。它最自然地發生在希伯來家庭充滿安全和創意的學習空間中。

最後，他們明白教導需要對他們生命中一些重大和確信的事情有激情。沒有希伯來父母會用漠不關心的態度處理這個職責；向下一代講述這個故事是一件生命攸關，必要的管家職分。在希伯來語言中，**認識**（*know*）是一個充滿親密關係含意的詞語。認識表示委身。認識表示關心。認識表示赤誠敞開。它暗示一種親密關係，是源於受教者熱情的委身。

這並不是建議導引應該採取一種家長的口吻或關係；事實上，一些家長式導引的權威型進路，可能導致徒弟的倚賴而不是加力給徒弟自己發聲。我們建議導引是有深刻的關係性，明智地警覺上帝在平常的生活中運行，並牢牢地植根在對上帝和徒弟成長的熱愛中。它表示我們將那分割的（disconnected）重新連結（reconnect）起來，將因為把信仰、學習與教導，從生活中分割出來引致的**肢離破碎**（*dis*membered）重新組合（re-member）起來。正因為這樣，培養信任的關係是導引的基礎。正如希伯來家庭在信任、親密和開放的處境中發現真理；在屬靈師徒關係中，在營造親密關係和赤誠敞開的殷勤空間中，也會發現真理。

對師傅與徒弟來說，留心就是學習聆聽上帝的聲音，這聲音可以比每天不斷環繞和轟炸我們那些聽得到的聲音更真實。留心吸引我們進入心靈的生命中，聆聽上帝的寂靜微聲。當我們的想像徹底地專注於上帝時，我們便會釋放自己的心靈歌唱。在屬靈導引中，我們得到幫助，培養聆聽的耳、觀看的眼、歌唱的靈：這就是專注於上帝的生命。

令人驚奇的事就是：我們往往在並非神的東西中經驗神聖。

> 聖山、聖歌和聖**地**——聖所。在所有文化和時代，我們都有故事、歌曲和禮儀的見證，在當下，此時此地的人和事中，尊崇這種神祕和神聖的他者，……詩人和藝術家不斷呼喚我們，在各種不同、有時甚至令人驚訝的地方，注意神聖。[21]

神聖聆聽是學習聽見上帝的寂靜微聲——在日常、沒有預期和平凡的地方。在芝加哥的一個課程，學生聆聽一首由作家兼社會學家安德魯·格里尼（Andrew Greeley）寫的詩，這首詩說：「在芝加哥我們的上帝潛藏在每一處。」[22] 有人不喜歡上帝潛藏在垃圾站和小巷中，或者在咖啡店或工作間躡手躡足地靠近我們這個觀念，但這個意象對我們理解靈性的事情很有幫助。上帝在外面等著出人意表地用愛和神聖臨在的恩賜對待我們，上帝並邀請我們留心。

你知道小說中的偉大偵探福爾摩斯認為,大多數人都不是好偵探的原因是甚麼嗎?「你看見,但卻沒有觀察。」若我們想注意周圍上帝臨在的標記,便需要放慢我們的生活步伐,好好觀察。如此我們學會,在我們看見的事物中間,看見**不可見**(Unseen)的上帝的活動。我們需要有人幫助我們看見——師傅可以幫助我們屬靈地看見。

神聖的看見。舊約列王紀下六章的故事激發我們問,經驗上帝、認識上帝、被上帝認識,是甚麼意思呢?讓我們回到奇夫在芝加哥的童年,或許會幫助我們明白這段經文。

> 你需要想像一個八歲、滿面雀斑、紅頭髮的小孩,他有一雙大耳朵,和很酷的平頭髮型。他穿著一條又厚又重的棕色燈蕊絨長袪(像現在每條售價二千元的阿貝克隆比阿[Abercrombie]褲子),和一件又棒又很入時的襯衫,上面印有圓點、小汽車、火車或一些很時髦的東西。那就是我,在週末早上看著電視。卡通片不錯,但我等著看荣·羅傑斯(Roy Rogers)的節目,因為我爸爸有一天在市中心吃午餐時,見過其中一位演員——擁有全世界最巨大鬍子的老頭——加比·希斯(Gabby Hayes)。他經常遇到麻煩,被壞人捉著,在銀幣酒吧被縛在椅子上。荣·羅傑斯會騎著他的馬蓄勢待發(Trigger)闖進來,拯救加比或加比和黛·伊雲斯(Dale Evans)或加比與一些其他無助的女角。我會目不轉睛地看著電視,雖然我已經清楚知道結局如何。

列王紀下六章的角色並不相同，但情節卻一樣。先知以利沙遇到麻煩。亞蘭或敍利亞王設下陰謀，要擊倒他們的敵人以色列王，但以利沙知道了這個計謀，因為上帝告訴他，他也告訴王，讓他可以聰明地避過伏擊。最後敍利亞王聚集所有的人，要知道是誰洩漏他們的祕密計謀。因此王發動另一次伏擊，並包圍先知在多坍的房屋，以利沙和他的年輕僕人正住在那裏。

第15節可以是加比·希斯自己以他最戲劇性的聲音說出的對白。在清早，僕人仍未有時間準備星巴克咖啡之前，他望出窗外，看見外面有軍兵包圍，而那些軍兵卻不是揮動他們國家隊的旗幟！因此他在懼怕與顫抖中跑往主人那裏，說：「唉，主人啊！我們該怎樣做？」

以利沙平靜地對他說：「不要怕得要死！我們這一方比他們人數更多。」此時，年輕的僕人比先前更憂慮。他的房屋被敵軍包圍，現在他的主人卻失去基本數學運算的能力！他們只有一加一對抗整隊軍隊，但以利沙卻說：「不要懼怕，與我們同在的，比與他們同在的更多。」

第17節描述整個故事的轉捩點——當以利沙向上帝禱告祈求異象時。「噢主阿，請開他的眼睛讓他能看見。」當少年僕人再觀看時，他看見先知用信心的眼睛所看見的；他看見滿山都是火馬火車圍繞著以利沙的房屋。

聖經的教導是清楚和經常重複的：信心是一種看的方法。它是張開我們的眼睛，好像上帝那樣看世界的方法。那是我們要走的屬靈旅程——一條祈求上帝張開我們的眼睛，好讓我們能看見實況的旅程——屬靈大能的力量是強大和無法征服的，但人的肉眼卻看不見。希伯來書十一章1節告訴我們,「信就是所望之事的實底,是未見之事的確據。」信心不是盲目——剛好相反。信心是一種屬靈的看見,是我們只靠肉眼永遠看不見的。「我們因著信,就知道諸世界是藉上帝話所造成的,這樣,所看見的,並不是從顯然之物造出來的。」(來十一3)

優良的科學推理一點都不喜歡這樣的順序。我們通常會基於我們所見,為我們肉眼所看不見的作出結論。我們收集我們所知的證據,然後推論我們所不知的。福音的認知方法將這個次序倒轉過來。上帝喚醒我們屬靈的感官,好讓我們基於我們所不見的,有能力明白我們所見的。

我們在何時及何處看見上帝?在聖經中,上帝經常在日常生活的平凡例行公事中顯現。我們許多人都認為自己要察覺上帝,必須從一些神祕的、幾乎是幻覺的經驗帶來的結果,或在一些聖地——修道院、聖所、山頂上或安靜的退省中。但上帝遇見摩西,是在他做每日都做的工作——看羊——的時候。正如我們說過,以賽亞在崇拜中看見上帝偉大的異象。保羅在旅途上,馬利亞則在打水的時候。當耶穌呼召門徒說:「跟從我」時,他們正在補網和打理他們每天捕魚的雜務。

整全的聆聽。根德曾經寫道,屬靈指導在所有關係的階段,要能夠維持和培養得最好,需要藉著揭示我們生命中明顯的事物。所以,屬靈導引是關乎**整全**的聆聽。當師傅能夠**整全地**聆聽,**神聖的**聆聽便會發生。或許師傅最重要的素質,是幫助別人聆聽自己生命的能力。屬靈導引並不是要取代心理治療或輔導,而是藉著整全的聆聽,讓徒弟有機會作神聖的聆聽。

伊爾雷德認為屬靈指導是神聖聆聽上帝已經主動臨在的時間，他寫著：「我們在這裏，你與我，我盼望還有第三位，就是基督，在我們中間」[23] 屬靈導引是一個機會，讓我們整全聆聽在我們中間的第三位，是一種專注，使導引成為神聖的聆聽。作為旅途上的良伴，師傅有意和細心地幫助別人聆聽他們自己的生命，提出自己的問題，把自己的小故事與那大故事，即耶穌的故事結連起來。在師徒關係的發展中，徒弟不是閒散或被動的。藉著聆聽師傅的聲音、聖靈的聲音和內在的聲音，徒弟必須學會熟習神聖聆聽基督「在我們中間」的神聖工作。

上帝用許多方法向我們說話。今天一個普遍的觀點，是把我們的靈修生活等同於我們的屬靈生命。若我們有非常好的靈修生活，我就有非常好的屬靈生命。若我早上的靈修很有亮光，我一定是接近上帝；否則，我的屬靈生命就軟弱。若我在禱告生活中「感覺」上帝，或若我在幾乎聽覺的經驗中「聽見」上帝，若我在神祕或屬靈的異象中「看見」上帝，那麼我的屬靈生命就是美好、強壯或有果效的。歷代以來普遍的靈修學的教導都同聲地說：上帝用許多方式向我們說話；**靈修是學習專注於上帝在每件事物中的臨在**。

屬靈聆聽永遠都並不只限於崇拜、每日靈修或屬靈操練等的活動。它在每時每刻不分晝夜以意想不到的方式回響。我們需要何等深切、何等整全地聆聽大衛的話，他說：

> 諸天述說上帝的榮耀，穹蒼傳揚他的手段。
> 這日到那日發出言語；這夜到那夜傳出知識。
> 無言無語，也無聲音可聽。

他的量帶通遍天下，他的言語傳到地極。（詩十九1～4）

大衛相信受造物在自己所有的世俗和平凡中，實際上是一個廣播上帝榮耀的揚聲器！無言無語，「他的量帶通遍天下。」上帝的聲音藉著諸天宣告，同時也藉著上帝完備的律法頒佈。大衛有信心，相信上帝通過所有受造物，向人類呼出祂愛的言語。我們可以說上帝向全人類唱出祂的歌！

阿維拉的大德蘭教導我們在廚具中尋見上帝。她幫助她的羣體明白，戲劇性的屬靈經驗，在本質上並不比每天虔誠的日常順服更有價值。靈命成熟或她所謂的「完全」，不應該用神祕的時刻來衡量，而必須藉著在現實生活的處境中實行上帝的旨意來衡量。她會喜歡約翰壹書一章1至2節的經文：

論到從起初原有的生命之道，就是我們所聽見所看見，親眼看過，親手摸過的。（這生命已經顯現出來，我們也看見過，現在又作見證，將原與父同在，且顯現與我們那永遠的生命，傳給你們。）

生命的一切都是神聖的。當上帝向我們啟示祂的內心時，最可能以約翰壹書所描述的方式臨到我們。你是否注意呢？用我們的耳朵聽，用我們的眼睛看，觀察和觸摸。我們透過聽覺、視覺、觸覺、味覺和嗅覺這五種感官，認識上帝的臨在。達拉斯·韋勒（Dallas Willard）說：「人的屬靈生命總是涉及運用我們的身體。除此以外，我們在屬靈生命中別無其他工具或器皿。」[25] 就是透過我們肉身的感官，我們才能活在上帝的國度。對人類的大家庭來說，這就是我們認識的方法。

> 投入與你談話的人的情緒中。與快樂的人一同快樂，與哀傷的人一同哀傷。換言之，向甚麼人就作甚麼人，讓你可以得著所有人。[26]

在屬靈導引中有一個三向度的動力，要求師傅整全地聆聽。師傅必須學會在聆聽技巧上**成為三語**的人（trilingual）。他們要（整全地）充滿活力地、細心地和集中精神地聆聽**徒弟**，並他們的故事和需要。當徒弟講故事時，師傅要**聆聽沒有說出來的**，事件**怎樣**講述，眼睛需要投向或凝視**何方**。第二，師傅要整全地聆聽**聖靈**，當徒弟說話時，祂可能在寧靜中發出微聲。聖靈是否給你一句話對徒弟說，一個進入這人生命中的洞見、一個建議、一個警告、一項未來一星期操練的習作呢？「主阿請說，僕人敬聽。」第三，整全的聆聽需要你作為師傅聆聽**自己的內心和本能**。在你裏面有甚麼搞動，甚麼產生和諧，哪裏不協調？你用哪一部分回應徒弟的故事——理性、想像力、記憶？你所聽見你怎樣投入？當整全的聆聽得到實踐時，神聖的聆聽就會發生。

反省耶穌的實踐

馬可福音第三章描述耶穌生命中的一個基本節奏。

> 〔耶穌〕上了山，隨自己的意思叫人來，他們

便來到他那裏。……要他們常和自己同在，也要差他們去傳道。（可三13～14）

耶穌離開祂繁忙的活躍生活，帶著幾個「與他同在」（to be with him）和「要差出去」（to be sent out）的人一起。把這旅程分為分離的旅程、內在的旅程和向外的旅程，可能會有幫助，因為耶穌作為師傅首先離開，為要創造一個地方讓他們同在，並由此可以差他們出去。他們分離為要同在。然後他們被差出去，直至他們再一次分開的時刻。在耶穌教導門徒的牧職上，這是個經常重複的行動。

在約翰福音十四至十六章的大祭司禱文中，我們注意耶穌為祂自己的門徒，即教會，發揮屬靈師傅的功效。祂在禱告中朝向天父的行動，為我們可以明白和實踐屬靈導引，提供一些建議。

反省問題

反省耶穌實踐關懷教會的方法。思考耶穌的禱告怎樣可以實際地引導師徒關係的過程。

在約翰福音十四章1至10節，耶穌引導門徒朝向天父。耶穌說，甚至祂所說的話，都不是祂自己的；那些話建基於天父的心裏，祂對他們親密的愛是那麼深，以至為他們預備居所。祂認為靈性就是對上帝已經主動臨在的回應。祂聆聽。

在約翰福音十四章15至17節，耶穌指示門徒朝向聖靈。保惠師（辯護者或幫助者）會靠近「與你們同在」，並「在你們裏面」。當耶穌引導他們朝向天父，並指示他們離開自己，朝向聖靈的工作與職事時，我們看見一條顯出耶穌無私的通道。在約翰福音十六章13至14節，祂教導我們聖靈會完成那個循環，「他要榮耀我，因為他要將受於我的，告訴你們。」再次，祂吸引門徒注意在聖靈的工作中，上帝已經主動地臨在。

在約翰福音十四章1至3節和十四章27節，祂鼓勵他們對明天有盼望。這段經文瀰漫著對未來的專注，不單因為耶穌即將離開門徒，也因為祂強調，他們需要明白自己工作的持續本質，並需要與活著的上帝建立關係。他們必須注意現在的時刻，但同時雙眼要朝向未來。

在約翰福音十五章18節和十六章1至4節及32至33節，祂坦白地指出現實世界的混亂。祂不是睜著眼睛的理想主義者或感性的樂觀主義者，而是一個親身接觸這世界的粗糙與混亂，拒絕、迫害、荒廢和掙扎的人。在祂告訴祂的朋友這些話之後不久，耶穌便被逮捕，並面對所有祂剛預言過的事情。耶穌與現實世界的真相對抗，並強調祂的門徒也要這樣做。盼望的原因是：上帝會轉化世界，並給予平安和能力。傷痛的原因是：我們生活在其中的世界被罪惡破碎，對跟從耶穌的人毫無友情。祂希望門徒預備好面對將來的任何攻擊。

在約翰福音十六章8節，耶穌講出人內心的真相。我們那麼急切需要認識聖靈的部分原因，是我們都有可能自欺、自我防衛和自義。耶穌告訴門徒，聖靈「就要叫世人為罪、為義、為審判，自己責備自己」。在十六章13節，祂應許「只等真理的聖靈來了，他要引導你們明白一切的真理。」導引是關乎講述真理，因為真理是靈命成熟的基礎。

在約翰福音十六章13節，耶穌為聖靈已經臨在的活動營造接受的準備。耶穌希望門徒明白聖靈的心思和意念。「我還有好些事要告訴你們,但你們現在擔當不了」(十六12)。祂鼓勵開放,預備好和期待學習從上帝而來的下一句話。

從約翰福音十七章1節開始,耶穌為跟從者實踐禱告的職事。「聖父阿,求你因你所賜給我的名保守他們,叫他們合而為一,像我們一樣」(十七11)。當祂不在時,祂為他們得到保護、成聖、合一和得拯救祈求。祂對他們靈命成長的注意,沒有因他們在一起的時間完結而終止,而是透過禱告不斷繼續下去。

給師傅的進一步反省

1. 營造一個讓你與徒弟的關係感到舒適和自然的環境。怎樣開始每一次的見面或怎樣進行得最好,都沒有任何公式,但重要的是你要為建立信任和親密的過程——師徒關係的沃土——給予指導。
2. 必要的是,你不能用這段時間,以你最近的屬靈洞見、神學發現或私人課題主導談話。記著這時間是為徒弟的。關鍵是學習何時說話和何時聆聽。
3. 用你的屬靈耳朵聆聽上帝的聖靈的音樂,是祂帶領你和徒弟聚在一起。若你記得這是上帝的事,你便會記得遵從上帝為對方訂定的議程。你的責任是聆聽聖靈的音樂。在禱告中預備好你的徒弟。

給徒弟的進一步反省

1. 在和師傅見面前用禱告為自己作好準備。你這段時間的議程是屬於上帝。祈求上帝幫助你預備好聆聽。你可以作甚麼去培養一顆默想的心?

2.藉調校你對創意地聆聽上帝作為的期望，為自己作好準備。若你前來是為了期望問題的答案、難題的解答、課題的意見，你可能錯過上帝想教你用靈歌唱的音樂。

3.藉著積極地為你的師傅禱告來預備，正如師傅也會為你禱告一樣。

註釋：

1. J. Robert Clinton, *The Mentor Handbook* (Altadena, Calif.: Barnabas, 1991), p. 16 of chapter 2.
2. Parker Palmer, *To Know As We Are Known: A Spirituality of Education* (San Francisco: Harper & Row, 1983), p. 69.
3. 同上書，頁 69 ～ 75。
4. James M. Houston, introduction to Bernard of Clairvaux, *The Love of God*, and Aelred of Rievaulx, *Spiritual Friendship*, ed. James M. Houston (Portland, Ore.: Multnomah Press, 1983), p. xvi.
5. 同上書，頁 xxviii。
6. Aelred of Rievaulx, *Spiritual Friendship,* trans. Mary Eugenia Laker (Kalamazoo, Mich.: Cistercian, 1977), p. 71.
7. 同上書，頁 72。
8. 同上書。
9. 同上書，頁 91。
10. 同上書，頁 93。
11. 同上書，頁 103。
12. 同上書，頁 105。
13. 同上書，頁 112 ～ 113。
14. 同上書，頁 122。
15. 同上書，頁 131。
16. Henri, J. M. Nouwen, *Ministry and Spirituality* (New York: Continuum, 1996), p. 217.
17. 同上書，頁 218。
18. 同上書，頁 219。

19. Henri J. M. Nouwen, *Adam, God's Beloved* (Maryknoll, N.Y.: Orbis, 1997), pp. 81 ~ 82.
20. Aelred, *Spiritual Friendship*, p. 120.
21. Eugene Peterson, *Leap over a Wall* (San Francisco: HarperSanFrancisco, 1997), pp. 60 ~ 61.
22. Andrew Greeley, *Andrew Greeley's Chicago* (Chicago: Contemporary, 1989), frontispiece.
23. Aelred, *Spiritual Friendship*, p. 51.
24. Teresa of Ávila, *The Collected Works*, trans. and ed. Kieran Kavanaugh and Otilio Rodriguez (Washington, D. C.: Institute of Carmelite Studies, 1985), 3: 119 ~ 120.
25. Dallas Willard, *The Spirit of the Disciplines* (San Francisco: HarperSanFrancisco, 1988), p. 31.
26. Teresa of Ávila, *Perfect Love* (New York: Doubleday/Image, 1995), p. 146.

第五章 受教的靈——回應

飢渴慕義的人有福了。

耶穌

受導者現在可能開始相信，導引的主要工作是落在待他們如徒弟的人身上。沒有甚麼比這個想法距離事實更遠。徒弟在導引過程中扮演一個積極和投入的角色。師傅在營造空間，在師徒關係中安排時間和結構，並塑造談話的內容方面，都扮演積極的角色。然而，徒弟在不同和特定的方式上也同樣積極，這種積極我們統稱為**回應**（responsiveness）。導引是一個師徒都積極參與的互動過程。

本章思想徒弟在自己靈命塑造上，作為積極的學員和「助導」（co-mentor）、參與者和代理人的角色。受教、積極回應和敞開的心靈與思想——這些都是徒弟積極學習的必要模式。本章會討論兩個重要主題，兩者都是我們**回應**的動力的面向。

第一、在導引過程中我作為積極參與者的責任是甚麼？作為一個受到推動和準備好的學員，我在自己靈命成長中扮演甚麼角色？阿維拉的大德蘭會給予我們睿智的意見，並指示我們一個方法，評估自己屬靈的準備程度。

第二、當我面對屬靈枯乾的困難時刻，當我靈性的滋養看來只是遙遠的記憶，或當我面對「心靈的黑夜」，當在疑惑、寂靜或靈性空虛中，上帝似乎離棄我時，有甚麼事情發生？十架約翰用著名的「心靈的黑夜」來描述這種經驗，同時就踏出下一步，讓自己在屬靈上繼續積極回應，提供睿智的建議。

對師傅來說，積極回應在開始時，是徒弟表示願意聆聽的行動。這行動的特徵是歡迎師傅進入徒弟的生命，並不斷選擇接受教導。徒弟的積極回應需要不斷選擇作好準備學習，所以絕對不是被動的角色。所有學生都知道他們可以有效地妨礙老師的教學，只要他們不願意聆聽，或選擇在學習過程中擾亂。屬靈師傅的角色通常是「促進（建議、解釋、推動自我發現）而不是命令……換言之，前進的驅動力必須來自徒弟。」[1] 根據甘陵敦：「積極回應描述徒弟向師傅顯示自願順服的態度，因此會尊重、欣賞、聽從和完成建議和習作。」[2]

今天許多人對順服別人的語言都感到不自在。在我們抱民主化價值觀的世代，我們可能把任何形式的順服，都看作本質上會危害自我的自由。然而，順服不需要卑躬屈膝或奴性；順服倒可以指一種準備好學習的靈、受教和積極回應的心。導引需要一種願意聆聽在師傅的聲音中表達的智慧，不論是當代或歷史上的。聆聽本身需要一種等待的姿態和準備好聆聽別人的說話。這種對師傅的智慧或指導留心聆聽的姿態，是徒弟參與師徒關係中的積極選擇。這種在徒弟一方自願順服的動力，引出以下的問題：我怎樣成為一個積極回應的徒弟？我作為師傅，可以怎樣影響徒弟的積極回應程度？下列的問題可以引導那過程：

- 我對師傅的信任到達甚麼程度？
- 與師傅一起時，我預備怎樣赤誠敞開？
- 我是否渴求在屬靈旅程上「得著更多」呢？
- 我是否願意跟從別人的洞見和指示呢？
- 我能否尊重和愛我的師傅呢？
- 當被要求深入察看內心時，我是否對自己誠實？

- 我能否忠於這種師徒關係呢？
- 甚麼使我不能順服別人的權柄？

成長的前奏

靈命成長的偉大音樂會的前奏，始於徒弟回答好像上述那些關於積極回應的問題。正如交響樂團在指揮的領導之先排演，徒弟也在預備與師傅見面前，培養受教、準備好的靈。徒弟帶來的準備好和受教，會直接有助師徒關係的果效。成長的前奏，有時包括徒弟對作好準備提出的結結巴巴問題和得到的答案。

- 當學習可能需要與一生的習慣、模式和熟悉的答案對抗時，誰準備好受教呢？
- 當學習肯定需要挑戰自欺的感傷時，誰準備好受教呢？
- 當學習會威脅我們生命中的膚淺、容易或不一致的東西時，誰準備好受教呢？

屬靈導引需要的那種學習，可能包括這種對價值觀、習慣和生活方式的對抗。作好準備既不是自動的，也並不容易。準備好學習需要付上禱告的預備，有一雙沒有防衛、願意聆聽的耳，有一顆能夠改變、敞開的心。在音樂會的前奏，當我們一起調校心與意志時，作好準備的問題在某程度上已得到答案了。我們往往不明白，排演的練習決定音樂會的素質。沒有預備就沒有偉大音樂會的演出！沒有一顆受教的心、積極回應和準備好學習，就不能有多少成長。積極回應是徒弟主動的工作，在與師傅見面之前和會面期間都需要這樣做。徒弟的主動參與開始於屬靈的排演，為願意學習和勇於積極回應禱告。弔詭的是，我們愈是在排演的時間操練得純熟，當指揮開始指導時，我們愈會釋放和少受束縛。我們拼命做到我們所能做到的，並完全實現自己。除非我們順服於積極回應這種屬靈操練，否則甚麼都不會發生；因為有許多因素，包括外在和內在的，都可能妨礙我們為靈命塑造作好準備。

徒弟也必須記得順服於屬靈導引的過程，基本上是順服聖靈，而不是死板、沒有思想地服從師傅。師傅是引導的聲音，而不是轄制的聲音。在敏銳聆聽的處境下，徒弟總要保持好像代理人那樣積極參與。沒有順服的靈，改變只是無法找到的渴求。師傅的角色正是幫助我們專注於我們現存的生命實況。師傅的實驗室永遠都不是消毒隔離的，但卻總是淩亂的，充滿著人生的世俗實況，例如：家庭、關係、衝突、罪惡和身體健康。

反省問題

- 我是否準備好學習和順服師傅的引導和革新呢？
- 我對義是否有足夠的渴慕，以至願意盡心盡意尋求它呢？
- 我是否願意聆聽、準備好學習，為更新轉化而開放呢？
- 我有否一個準備好的專注的靈，樂意為我的成長委身呢？

阿維拉的大德蘭和十架約翰

靈命塑造會引領我們更深地尊重我們不完全的人性自我，並建立與創造我們的上帝持續的關係。從十六世紀而來的兩把聲音，會幫助我們明白這個發現的過程。

對我們明白和實踐屬靈導引最有影響力的兩把聲音，是阿維拉的大德蘭和十架約翰。過去五個世紀以來，這兩個人邀請人們過禱告生活，培養我們心靈的土壤和產生積極回應。我們對他們的觀點,不單從他們作為屬靈導師的經驗,也從他們彼此的師徒關係而來。藉著幫助我們明白信仰之旅的奧祕,以及在解開那些奧祕中積極回應的重要性,阿維拉的大德蘭和十架約翰影響了基督教的靈性。他們被放在一起,因為他們在不同時候彼此互為屬靈導師。

或許沒有任何歷史上的靈修作家,好像阿維拉的大德蘭那樣,在個人對靈性上善於接受的經驗,有如此廣泛的影響力。大德蘭(全名Teresa de Cepeda y Ahumada)於一五一五年生於西班牙的卡斯締(Castile)一個富有的家庭。一五三六年她加入加爾默羅會(Carmelite)的女修院,並在一五六二年創立第一個赤腳(discalced)加爾默羅會,實踐更嚴格的修道生活。大德蘭踏進教會歷史的舞台時,社會正在過渡和動亂之中,影響她作品的內容。在教會改變的大漩渦——我們稱為宗教改革中,大德蘭發現自己有領導一個修會和寫作的能力。出乎她意料之外,她發現自己的作品可以幫助人們預備敞開自己領受屬靈經驗。

大德蘭的《全德之路》(*The Way of Perfection*)是一本為聖約翰修道院的修女寫的手冊,鼓勵她們過禱告的生活。在一個婦女在教會得不到跟男性同等的領導權的時代,這作品提升和支持婦女在教會中的價值。正如卡凡洛(Kavanaugh)指出:「在這個充滿懷疑的環境中,大德蘭創立了一所女修道院,她們一起奉獻自己過禱告生活、與上帝建立親密的友誼、活出信心與愛心。」[3] 好像伊爾雷德一樣,大德蘭認為禱告是「一種朋友間親密的分享」,人必須經常付出時間,為要「單獨與祂在一起,我們知道祂愛我們。」[4] 在她自己的屬靈師傅格雷先(Gratian)神父的堅持下,她寫了另一本作品*Dwelling Places*(《居所》)。數年後,在一五八〇年,她寫成*The Interior Castle*(《七寶樓台》),被認為是她對靈修的思想最好的綜合。大德蘭看來特別有興趣於透過她生動的形像和隱喻,幫助屬靈朝聖者學習怎樣準備好學習、聆聽和禱告。

許多渴望在自己生命中更深地感覺上帝的實在的人,都尋求阿維拉的大德蘭作屬靈師傅。諷刺的是,甚至男性領袖也尋求她的幫助,而他們卻肯定婦女的地位在教會中沒有影響力。大德蘭在早年的工作,有機會成為一位名叫約翰的年輕托鉢僧的師傅。在歷史一個美好的反諷時刻,在大德蘭晚年,約翰最終成了她的屬靈師傅。

在一五六八年,十架約翰在大德蘭的屬靈指導下,成了加爾默羅修會為托鉢僧成立的新修會的會牧。亞倫·鍾斯對這兩人的堅持作出以下的評語:

> 在面對苦痛的艱難和持續的掙扎,對抗著教會與政治的密謀帶來幾乎難以想像的壓力下,他們達到一個神聖的高超境界,是基督教歷史上很難找到的。他們的獻身、他們的堅忍、他們持續不斷的愛,是他們為各個階層的基督徒,作導師的證書。[5]

當教會陷在教會與政治權力鬥爭的時刻,他們兩把聲音卻掙扎著重建靈命塑造的價值。他們的道路因著政治破瓦、社會垃圾和教會殘骸而變得凌亂。從這些動亂中出現了一個最重要的洞見:屬靈的積極回應需要有洗罪或淨化的步驟。約翰明白理性、記憶和意志都是靈魂的功能，給每一個功能的指示都需要淨化的步驟。在《攀登迦密山》（*The Ascent of Mount Carmel*）一書中他指出：「對其他兩項功能，就是記憶和意志，都同樣必須這樣做。它們必須經過一個淨化過程，相對於它們各自的理解力，為要達到在完全的盼望和仁慈中與上帝聯合。」[6]約翰看見對淨化過程的需要，遠比「擁有」你的感覺或記憶這類通俗心理學術語（psychobabble）更深刻。我們可能最容易想像淨化是一個清理道路的過程。

清理充滿障礙的道路，永遠都是有活力和必需的屬靈練習。施洗約翰的先知聲音說：「我是在曠野喊叫的人聲：『修直主的道。』」在古代世界，僕人在君王駕臨之前，走在前面清理充滿破瓦或障礙的道路，因此為將要來臨的人預備安全的道路。破瓦和道路的隱喻是重要的。走在路上表示你必須清理充滿破瓦的道路。約翰的訊息是為了積極回應：「準備好迎接主的來臨。」

為了預備迎接主的來臨，在你生命中有甚麼破瓦要清理呢？**破瓦**可以指那些過去阻礙你的道路的事物。破瓦是一些你上次在此掉下的東西，一些上次吹進你道路的東西，一些你沿途攜帶著，卻使你絆倒的東西。它可能是罪疚、記憶、舊習慣、舊的自我形像，舊夢或舊的思考方法。任何這些東西，都可能阻塞我們朝向屬靈成熟的通道。還有現在的擾亂和障礙，減慢你或阻止你繼續上路；或者你生命中的重擔實在太沉重或笨重，令你無法前行。也可能有迂迴之路。這些是錯誤指示，帶你偏離正路，令你不能達到目的地。施洗約翰告訴我們，他來要清理破瓦，移去那些擾亂，並幫助我們避免那迂迴之路。怎樣發生呢?積極回應需要心的淨化。大德蘭稱這些步驟為「勇敢的心靈」的工作。

勇敢的心靈

大德蘭從自己的經驗相信,上帝被飢渴慕義的人所吸引,換言之,就是不滿足於少許的人。我們曾稱為「渴慕更多」的,大德蘭認為是心靈的勇敢,渴慕上帝更多更多,並堅毅地尋求認識上帝。在她各種不同的著作中,她說上帝是「顯然地『一位勇敢心靈的朋友,』一位真正想要這種決心的上帝。」[7]她堅持地說上帝不會「不向任何堅毅的人顯現。」[8]

勇敢的心靈是那些有強烈渴望、決心、操練和堅持的人。大德蘭似乎看見在操練與深化的渴望之間,有一個偶然的關係,因為她對在她領導下的婦女說:

> 當她愈是領會上帝的偉大……她的渴望愈是增加。因為愈是向她啟示這偉大的上帝和主是何等配得到愛,她對祂的愛便愈是增長……威榮的主有能力做所有祂想做的事,祂渴望為我們做許多的事。[9]

耶穌簡明地說:「飢渴慕義的人有福了」(太五6)。善於接受的心是飢渴的心。今天我們尋求以不能滋養心靈的屬靈快餐滿足自己的飢渴。大德蘭的熱愛是對那些專心致志的心靈,他們積極地渴求認識上帝,並因此被上帝所愛。

大德蘭相信,若要使我們在靈命塑造方面,善於接受和積極回應,必需在三個步驟上有堅持下去的決心。

> 第一是認識上帝的偉大：我們愈是看見這點，便愈會深深地意識到它。第二是自我認識和謙卑，在領悟到像靈魂這樣東西，當與這樣偉大的獨一創造主比較時，是多麼卑賤，但竟敢冒犯祂，向祂抬舉自己。第三是對世俗事物無比的輕視，除了那些可以用來服事這樣偉大的上帝的東西。[10]

認識上帝、認識自我、順服並用雙眼注視世界的危險——這三項使我們善於接受靈命塑造。焦點在於自我，但透過預先聚焦於上帝偉大的透鏡，並聚焦於世界的處境下。她的三部曲過程，反映耶穌為門徒所作的禱告。第一、我們承認我們的天父，天上的君王——尊崇上帝的名，並承認祂國度的優先性。第二、我們祈求神赦免我們的罪。第三、我們尋求免受世俗事物引誘以至誤入歧途。

當我們聚焦在上帝時，我們認識到我們極需要一顆清潔的心。在以賽亞書六章，當以賽亞在神祕的異象中走進聖殿時，他意識到上帝的威榮。「我見主坐在高高的寶座上。」（1節）差不多是即時的結果，是他深深的覺察自己需要一顆清潔的心。「那時我說：『禍哉！我滅亡了！因為我是嘴唇不潔的人，又住在嘴唇不潔的民中，又因我眼見大君王萬君之耶和華。』」（5節）

當以賽亞的異象充滿上帝的神聖、純潔和威榮時，他的反應集中在他自己需要潔淨上。在本章我們稱這個過程為積極回應，因為我們透過這種心靈的淨化，建立一顆善於接受的心；我們清除罪、反叛，自私、不順服和失敗的破瓦。

差不多所有古典靈修作家都主張，我們需要對抗我們極度真實的罪性。這不是今日教會的流行觀念，但我們漠視它，只會大大危害我們的靈命塑造。在這樣明顯充滿人性罪惡的世界中，否定我們的罪性肯定是虛偽。漠視我們淨化的需要是最差的自欺。使徒保羅會非常同意這點，因為他在歌羅西書這篇關於靈命成長的偉大論文，寫下了兩個靈命塑造必須的步驟。在歌羅西書三章5至11節，他特別詳細地說出這個淨化的步驟：

> 所以要治死你們在地上的肢體，就如淫亂、污穢、邪情、惡慾，和貪婪（貪婪就與拜偶像一樣）。因這些事，神的忿怒必臨到那悖逆之子。當你們在這些事中活著的時候，也曾這樣行過。但現在你們要棄絕這一切的事，以及惱恨、忿怒、惡毒（或作：陰毒）、毀謗，並口中污穢的言語。不要彼此說謊；因你們已經脫去舊人，和舊人的行為，穿上了新人。這新人在知識上漸漸更新，正如造他主的形像。在此並不分希利尼人、猶太人，受割禮的、未受割禮的，化外人，西古提人，為奴的、自主的，惟有基督是包括一切，又住在各人之內。

隨之而來的是否定或洗罪的步驟，歌羅西書三章12至15節用肯定和正面贊同的話語表達出來：

> 所以你們既是神的選民，聖潔蒙愛的人，就要存（原文作穿；下同）憐憫、恩慈、謙虛、溫柔、忍耐

> 的心。倘若這人與那人有嫌隙,總要彼此包容,彼此饒恕;主怎樣饒恕了你們,你們也要怎樣饒恕人。在這一切之外,要存著愛心,愛心就是聯絡全德的。又要叫基督的平安在你們心裏作主;你們也為此蒙召,歸為一體;且要存感謝的心。

歷代以來,教會都有實行每天閱讀詩篇的操練。浸淫在詩篇中,我們沉浸在上帝的偉大中,意識到上帝的他者性(otherness)、能力、威榮、榮耀、創造力、美麗、獨一權威、堅定、恩典、公義和憐憫。在這位上帝面前,我們只能和應大德蘭的回應,藉著謙卑和重新校正我們的價值觀,集中在上主的事情上。

今天許多屬靈的自助手冊都失敗,因為焦點始終只放在自己身上:**我**怎樣可以成長?**我**怎樣可以更完全地經驗上帝?**我**怎樣可以得著聖靈的能力?**我**怎樣可以培養**我**的信仰?所有這些都是有限制的問題,只會帶來失望,因為它們不是對焦在上帝身上。古典屬靈教師的一致聲音,指出靈命成長始於覺察上帝的品格和本質。上帝開始了那過程;我們則回應。上帝採取主動;我們行動。上帝說話;我們回答。大德蘭希望她的學徒維持對上帝偉大的異象。藉著對焦在上帝,我們可以察看容易擾亂我們的自我和世界。

今天我們傾向懷疑任何否定人自我的價值、權利和神聖的事物。人性自我在西方文化中已被神化到一個地步,以致許多人都會徹底地拒絕大德蘭的智慧。「她那麼負面地談及人性的『卑賤』並這樣蔑視我們生活在其中的文化,為甚麼我們要尊重她的話呢?」大德蘭明白靈命塑造必須考慮到人們生活的俗世處境。她本身正是活在政治、社會和教會系統的壓迫和殘酷中，看不見上帝的偉大。她不是從中產階級舒適的安全感中寫作，而是從一個有時污蔑婦女的領導地位，四面受敵的政治系統中寫作。她的文字建基於她當時的殘酷現實；但她卻是透過一個有深度的聖經理解，歷史上對上帝、罪和世界都很重要的基督教教義的透鏡，觀看這些現實。你還記得在第一章我們給師傅和徒弟的信中，我們談及朝向靈命成長的三個步驟嗎？在那裏我們列出三個基本問題：上帝是誰？我是誰？我蒙呼召作甚麼？

反省問題

- 過去有甚麼幫助你，使你對別人的教導善於接受、受教和積極回應呢？
- 你發現有甚麼實踐步驟，能夠有效地創造一顆準備好聆聽和學習的心呢？
- 甚麼阻止你不能有敞開的心呢？
- 在你生命中有甚麼破瓦使道路淩亂，阻止你積極回應和妨礙你前進呢？

內在堡壘的旅程

在一九七〇年教宗保祿四世命名大德蘭為教會的醫生，部分原因是她的著作描寫她自己的顯聖和顯現的時刻。她有過人們稱為「第二次悔改」的經驗，這經驗來自基督的異象。這些異象和她繼而發生的屬靈旅程，引領她為默觀的屬靈操練建立加爾默羅修會。她最偉大的著作是《七寶樓台》，描述信徒的七個“*moradas*”，即居所或樓台。愈是接近第七層樓台，便愈接近上帝。她提出這七個居所，不是要師傅跟隨的七個步驟，而是作為對自己與上帝的神祕經驗的描述。然而，她也邀請所有她的屬靈女兒進入她們自己的「內在堡壘」，因為她相信，所有人都可能有這種與上帝的經驗。有些人視《七寶樓台》為一個對狂喜和出神異象的神祕描述，只有最高級的屬靈人物才能夠達到。我們引述一位她作品的譯者的反對意見：

> 她原意是用它作為她女兒及所有心靈的指引，她們在她有生之年或其後，可以有雄心進入外面或裏面的樓台。在歷代基督教追求完美的時刻，曾經缺乏有資格引導心靈朝向禱告最高境界的人：《七寶樓台》同時可以幫助那些人及很大程度供應那些渴慕更多的人。[11]

閱讀《七寶樓台》就好像在電台播完流行音樂後，前往交響樂演奏廳聆聽莫札特的作品。在聽見莫札特的深度、複雜和美麗之後，你才明白你的耳朵已經習慣了的音樂，是何等表面和膚淺。流行文化的音樂被擴大，細小的層面被擴張到最遠處，單調聲音有限的音樂詞彙，被歷代流傳的音樂寶庫所深化。

大德蘭的音樂詞彙不像基督教流行文化那樣有限。大德蘭認為心靈的發展是多層面和層次豐富的。《七寶樓台》是一本充滿熱情的作品，為指導她所愛的姊妹而寫這本書，從她自己領受上帝對心靈期望的異象而培植出來，其中的文字充滿心靈的音樂。

> 我開始思想心靈有如一座堡壘，用一顆鑽石或很通透的水晶造成，那裏有許多房間，正如天上有許多樓台一樣……我發現心靈偉大的美麗和其宏大的容量，是無與倫比的。[12]

大德蘭描述第一層樓台是大多數人居住之處。雖然他們感覺生命不僅如此，但他們卻很忙碌，把自己的精力集中於生與死的世俗課題上。在本章大德蘭承認人類靈魂的尊貴，這些靈魂是按上帝的形像和樣式所造，但她觀察到，大多數人都滿足於活在屬靈深度的陰影之下。

第二層樓台的住客已有足夠進步，可以學習禱告的生命，並藉著講章、書本和友誼，增強對上帝的意識。那些踏上第二層樓台的人，開始邁向得著更多。

在第三層樓台的人，學習每天更敏銳於上帝的臨在，並對別人表達一些慈悲，但他們的善行仍然有限。這裏的住客展現出高標準的美德，但這種美德還未學會自我降服或無私的愛。

大德蘭說：「重要的不是想得多，而是愛得多。」[13]在第四層樓台的人，已經學會超越思考信仰或進行宗教活動。他們因著愛的激勵，達到對信仰更深的了解。他們明白到自己的生命有對超自然的需要。他們不再滿足於或能夠用自己的力量來服事，他們不斷尋求增進留意上帝的能力在生命中臨在。

在第五層樓台中，靈魂靠近上帝。正如蠶蟲死在繭中，卻從死裏生出美麗的白蝴蝶，靈魂也是如此轉化。同樣地，大德蘭視靈魂為預備好接受上帝臨在的禮物。

第六層樓台是一個多災多難的地方，正如一個已經訂婚的人，許配了給耶穌，預備完全地與祂聯合。這人經驗到增長的親密，伴隨著增加的痛苦。

最後的一層樓台是靈魂與基督成婚的地方，正如保羅說：「因我活著就是基督，我死了就有益處。」（腓一21）在這個君王的樓台上，信徒經歷完全的轉化。

大德蘭的明顯目標是與基督成婚，與祂聯合，與主合一。但這種與基督的聯合不單是屬靈的現實；也是活在為國度的服事和勞苦中。兩段引文足以表明這點。

> 這樣，我的姊妹，我希望我們努力達到這點：我們應該渴望和投身禱告，不為我們的享受，只為得著這種適合我們服事的力量。[14]
>
> 全神貫注於那位被釘十架的，其他事情對你都不重要。若大君王向我們顯現祂的慈愛，藉著執行和忍受這奇妙的事，你怎可期望只用言語來討祂喜悅呢？你是否知道人們何時真正變得屬靈呢？就是當他們成了上帝的奴僕，並烙上祂的印記，就是十架的印記，表徵著他們把自己的自由交給祂。[15]

大德蘭的七層樓台引導我們作為徒弟的，更豐富地了解深化我們積極回應的方法。那比喻描述七個禱告的步驟，也可作為很實用的指引，來評估邁向與上帝更深度親密的屬靈進程。這作品有些很實際的用途：師傅可以選用大德蘭的七層樓台作為指引，協助徒弟從膚淺的禱告中進步，到達與基督神祕的聯合中最深度、最親密的禱告。徒弟可以選擇研究大德蘭的禱告模式，學習深化積極回應的新方法，以及在靈命成長中進展的方法。徒弟不會經驗到一種直線的、順序的過程，經過這七層樓台的成長，好像是靈命塑造的階梯上的台階一樣。樓台形成一個穩定的制高點，由此我們可以站著觀察我們朝聖之旅的迂迴腳步。最後，師傅可以利用七層樓台，作為邀請徒弟評估自己的靈命成熟程度的方法。

黑夜的旅程

十架約翰（原名Juan de Yepes y Alvarez）於一五四二年在西班牙的方提凡羅（Fontiveros）出生，離開阿維拉的大德蘭的出生地只有二十四哩。他由貧窮寡居的母親養大，並就讀於一所專為窮人和孤兒辦的學校。約翰從一五五九年至一五六三年，在耶穌會學院接受高等教育，學習文法、修辭、希臘文、拉丁文和宗教。他知道上帝呼召他加入修會過修道生活，並於一五六三年，二十歲的時候，加入加爾默羅修會。作為一位有天賦的思想家，約翰很快便在莎里曼卡（Salamanca）大學繼續接受教育。這間大學可以媲美巴黎大學或牛津大學。

在一五六七年約翰在他的家鄉麥典那（Medina del Campo）初次遇見阿維拉的大德蘭。有人推薦約翰給大德蘭，協助她開始一個加爾默羅修會托鉢僧的默觀團體。約翰一直都渴望這種生活和牧職，並答應擔任這個新團體的告解神父和會牧。為著約翰開始的新生活和牧職，大德蘭作了他的屬靈師傅。他為自己取名十架約翰，因為他在生命中經歷了極度的苦楚。

大德蘭看出年輕的約翰有很大的領導潛質，並派他負責管理修會。在他有生之年，約翰建立了幾個類似性質的加爾默羅修會，遍及西班牙。他被公認為一位默觀者、神學家、詩人、改革家和行政管理人；但他其中一項最突出的牧職，是作為許多學生及位高權重、尋求他神聖智慧的人的屬靈導師。十架約翰堅持的信念是，為要盡展作為人類的潛能，人必須努力與上帝親密相遇，這種努力成了他的師徒關係的基本焦點。他尤其關注教導心靈「在與上帝聯合中成長的動力。」[16]

約翰是一個典範，他在敬虔的愛和對上帝的服事中活出完滿的生命。他最終被反對他的人囚禁，他們反對他在當時教會和修院中的改革工作。在教會領袖的手下，他在獄中大大的受苦，因為他們發覺他的理想損害他們的權力和權柄。他在孤獨中生活了一段長時期，在牢獄生涯中受到殘酷虐待。十架約翰死於一五九一年十二月十三日，享年四十九歲。

和阿維拉的大德蘭一樣，約翰過著神祕經驗者和先知兼改革家的生活。

> 他撤離世界為要接近上帝，但通往上帝之門是透過自然和人類的愛的奇妙。他被太陽的光輝弄瞎，進入愛的黑暗中。他所看見的使他目瞪口呆。對於耀眼黑暗的奇妙，他的回應是寫情詩。在極度痛苦中他寫出自己最偉大的詩章。他被控訴者（竟然是他自己團體的成員！）折磨和殘害，但他卻懷著喜樂地寫，並沒有怨恨。他嚴厲地對付自己，卻沒有帶著絲毫怨恨。[17]

作為大德蘭的朋友和勸慰者，約翰被囚禁在一個漆黑的囚室，他從監獄的嚴寒和悶熱中，忍受嚴厲的苦楚。甚至在他受苦最深的時刻，他也好像使徒保羅一樣，仍然找到屬靈的能力向上帝寫出熱情的詩歌，並在他驚訝於上帝歡喜若狂的美麗時發出聲音。

在被監禁期間，他寫成《心靈的黑夜》（*The Dark Night of the Soul*）。這本書描述上帝透過憂傷、痛苦和黑暗，在一個信徒生命中的作為。這個措辭已被人廣泛應用，但人們往往不明白約翰意味深長的教導的深刻意義。「黑夜」是指當人在屬靈操練和信仰實踐中，失去了他們曾經驗過的喜樂。約翰教導他們，發生這種事，是因為上帝要淨化他們的心靈，並激勵他們朝向更深的信仰邁進。在信仰開始時，上帝在人的生命中溫柔地推動，好像母親搖動嬰孩一樣，尋求養育和照顧小孩。然而當時間過去，到了小孩要長大成人的時候，上帝邀請他們透過心靈黑夜的經驗而長進。那覺察的黑暗是當上帝好像從個人撤退的時候。這往往是一段極困難的時候，因為尋求信仰的人經歷失去上帝主動臨在的感覺。其賞賜是心靈的淨化，以至可以繼續發展信仰。

約翰的作品帶領我們經過靈性枯乾、靈性陰影和靈性掙扎的時候，這些作品要求很高，而且很複雜。屬靈導引的工作經常需要在這心靈的黑夜中，與徒弟相互影響。約翰希望在他們一起度過心靈的黑夜時，給予他的徒弟一份勇氣。師傅在引導別人經過黑夜經驗的任務時，需要有明顯的能力。

對十架約翰來說，基督徒信仰之旅就是一段藉著向自己死的決定而開展，從而發現了作為上帝喜愛的兒女的存在有甚麼本質的旅程。這樣的旅程絕不簡單。它要求我們除去激發自我的事情，為要與上帝聯合，並單單渴望祂。這黑夜的旅程，透過禱告邁向與上帝親密，有兩個明顯的步驟：一：主動之夜，包含徒弟實踐主動的禱告操練；二：被動之夜，由上帝在積極回應的徒弟的生命中採取主動，並需要徒弟積極回應地等待。

一旦在被動之夜，徒弟經常被充滿言語的膚淺的禱告所迷惑，並通過被動的默觀，更能夠意識到與上帝的關係。當徒弟靠近上帝時，可能產生挫折，因為一度足以描述經驗的言語，已經不再奏效。十架約翰引述哲學家亞里斯多德的話來描述經驗「黑夜」的屬靈現象。

> 神聖事物本身愈是清晰和明顯，他們對天然的心靈便愈是黑暗和隱藏。光愈是明亮，貓頭鷹愈是瞎眼；人愈是凝視耀眼的太陽，太陽愈是使視覺黑暗，在它的軟弱中剝奪它和擊倒它。[18]

當積極回應的徒弟用黑夜獨特的行動開展黑夜之旅時，屬靈師傅的任務是給予鼓舞和激勵，使徒弟繼續旅程。師傅與徒弟一同學習留意聖靈在徒弟生命中的耀眼光芒。十架約翰澄清從真光創造的「黑暗」背後的原因：

> 因此當默觀的神聖之光擊打仍未完全被照亮的心靈時，會引致屬靈的黑暗，因為神聖的光不單超越這些心靈，還剝奪他們的理解行為，使這些行為變得黑暗。所以聖狄奧尼斯 (St. Dionysius) 和其他神秘神學家稱這種灌輸的默觀為黑暗的光線；

> 也就是，對未經照亮和洗滌的心靈。因為這偉大的超自然光輝壓倒理智，並剝奪它天然的活力。[19]

因此，徒弟發現黑暗只是一種對上帝的不在和撤退的觀念。看似是黑暗，其實是當人靠近光明而產生的眼瞎。正像小孩直望著太陽的耀眼光輝，光明使人對這光輝產生眼瞎。使我們轉移視線的陽光，類似靠近基督的經驗。我們被迫進入新問題、未開發的領域和一個新的更深經驗上帝臨在的「黑暗」，最終會再次照亮我們的生命。師傅提供最好的盼望，就是看穿黑夜的經驗，再次進入光明的經驗。

約翰形容師傅是一位擁有明辨和聆聽的靈，並給予激勵和靈感的人。大德蘭是約翰的師傅，後來約翰卻成了大德蘭的師傅。他們故事的歷史細節，讓我們明白師徒之間微妙的相互影響。在約翰身上有理解的回響，是直接回應德蘭所唱的歌。正如大德蘭一樣，他相信徒弟必須懷著作好準備的心，進入屬靈指導的過程。兩段重要的引文澄清他的思想：

> 噢，若人們知道，他們因著不嘗試提升他們的胃口超越幼稚的事情，失去了何等多靈性的益處和豐富；若他們知道，因著不渴望這些微不足道之事的味道，他們會在多大程度，在這單純的靈性食物中發現所有的滋味！[20]
>
> 任何人渴望攀上高山的頂峯，為要成為一座祭壇，獻上對上帝的純愛、頌讚和敬畏的祭牲，必須首先完美地達成三項任務。

> 第一、他必須驅除別神，所有別異的愛好和依附。
>
> 第二、藉著養成習慣，拒絕這些欲念和悔改──藉著感官的黑夜──他必須淨化自己，除去這些殘餘物。
>
> 第三項達到這高山之顛的必需條件是更換外袍。[21]

十架約翰實踐的屬靈導引，認為在關係中採取主動的主角是已經主動臨在的上帝。祂透過聖靈，最終在徒弟的生命中顯出上帝的愛和期望的旨意。這種獨特的關係培養一種與上帝親密的深度，是徒弟的信仰之旅及成長中的意識和自我的成熟所必需的。

那麼我們怎樣運用這些材料呢？初看時我們或許會被它的複雜和深度壓倒。源自默觀生活和屬靈出神的材料，有沒有實際的用途呢？從十架約翰的作品中，我可以得到甚麼？我怎樣應用約翰的典範？從一開始，本章已嘗試創造這原則：若我想透過屬靈導引的過程，在與上帝的親密中成長，我需要學習怎樣變得更順服。若成長是我內心的渴望，我會問：「師傅會怎樣指導我？」我在屬靈導引的動態相互影響中的角色，是最開放和誠實地分享我旅程中的故事和經驗。十架約翰明白初信者與經驗豐富的成熟信徒之別。

進入心靈的黑夜

聆聽徒弟常有的投訴：

> 我與師傅見面，經歷各種不同的禱告練習和屬靈操練。我發現聖經已失去原有的意義，我的禱告不能奏效，我愈多禱告，愈多閱讀，愈多做事，我卻愈少找到上帝。最後到一個地步，我不能再禱告，因為我不明白那些言辭。我對上帝已沒話可説。

十架約翰會告訴我們，我們正應該這樣——現在我們已準備好進入被動之夜，我們可以真正發現與上帝親密，因為我們可以看見上帝為我們做的、透過我們做的、在我們裏面做的。真正的禱告是關乎上帝為我們所做的，不是關乎所有我們嘗試做的。我們愈多凝視上帝，我們的視覺愈變得黑暗，因為我們被我們崇拜的上帝的純潔弄瞎了。我們現在正在心靈的黑夜。但這黑暗不是失敗和疏離的地方；反而是增進與上帝親密的地方。年幼時，當你觀看別人焊接時，有人教導你若你注視著弧焊的強光，你隨時會瞎眼。約翰應用天然光線的比喻。若我們注視上帝純潔的光，我們會到達一個看得少，而不是更多的地步。光輝產生黑暗的視覺。

在這個赤誠敞開的時刻，師傅必須幫助徒弟領悟到處都是成長。愈是黑暗，成長的潛力愈大，因為這「心靈的黑夜」開啟我們自己屬靈能力的黑暗。當摩西走近燒著荊棘的火光時，他轉身離開，「躲藏他的臉」，因為他懼怕。他愈是親密地認識上帝，愈是經驗到黑暗，一種懼怕、混亂和憂慮地驚訝的黑暗。這是黑夜的弔詭。在黑夜的淨化中生出更大的成熟。

黑暗的時間不是懲罰或疏遠的時期，而是朝向更有深度的禱告行動，讓徒弟朝向與上帝親密。積極回應是關乎徒弟渴望朝向上帝成長。當我們在那關係中更進深時，十架約翰的教導幫助我們知道會發生甚麼事。睿智的師傅會幫助徒弟明白，上帝的作為是深化愛的層次。當人愈向上帝進發，他進入這黑暗時期，就是淨化過程，向自己死，就會真正顯示生命，正如耶穌在馬太福音十章39節教導我們：「得著生命的，將要失喪生命；為我失喪生命的，將要得著生命。」

禱告是朝聖之旅。我愈是接近目標，便可能愈感到遠離。我愈變得神聖，愈認識自己不夠神聖。我在牧職上愈有經驗，可能愈感到缺乏能力領導別人靈命成長。這是否只是失去自信，還是向著靈命成熟的朝聖之旅的一部分呢？約翰的作品幫助我們明辨我們在靈命成熟中的進程。

對出生的孩子來說，出生的過程，實際上是由死亡到他或她所認識的生命的經驗。小孩在一個溫暖、熟悉和充滿溫柔和關懷的養育之處游泳。突然間，胎兒從養育之處被猛拉到一個冰冷、黑暗的地方，感到收縮、狹窄、限制和粗糙。出生過程的暴力，在小孩從子宮被猛拉到出生道的時刻開始。在另一邊卻是光明、溫暖、養育和關懷，但在出生道的黑暗中的痛苦歷程需要時間。屬靈歷程的黑夜經驗，與在出生道不愉快和困難的經驗相似。約翰寫著：

> 我不會喜歡說服屬靈的人，通往上帝的路毋須眾多的考慮、方法、態度和經驗——雖然它們本身可能是初學者所需要的——但只有一件事是必需的：真正的捨己——不論是外在的和內在的，透過同時向基督的受苦，及在所有事物中徹底摧毀的自我降服……人的進步只能透過效法基督，祂是道路、真理和生命……因此，我不會認為任何行

> 在甜蜜和容易中，並遠離效法基督的靈性，是有價值的。[22]

在今天將靈性商品化的市場氣氛，就是「販賣」某些禱告的形式（例如：沙漠教父祈禱、默觀式祈禱，超覺默想），吹噓這些形式比其他的更屬靈，十架約翰的作品尤為適切。約翰相信，對那些願意在他們經驗上帝中尋求成長的人，禱告是基本的溝通方式。例如，他教導我們默觀式祈禱，是屬於普通基督徒的生活：「沒有禱告的狀態是那麼崇高，以至不需要回到起點。」[23] 歷代以來，真正的信徒都經驗到心靈的黑夜；今天，人們卻告訴我們，要不惜任何代價避免痛苦。約翰試圖使黑暗的經驗正常化，作為邁向成熟的必需步驟；今天我們卻尋求麻醉任何不愉快、混亂、痛苦或陰暗的經驗。

心靈操練的入門書

在《心靈的黑夜》一書中，十架約翰提供一份使人著迷、「在初學者身上相當普遍的缺點」的清單，作為我們所有在靈命成長旅程上的人，一份警告的概要。按蒂利克（Helmut Thielicke）的小書《神學第一步》（*Exercise to Young Theologians*）的精神，約翰的清單挑戰和警告年輕的師傅、教師、牧師、門徒，並我們所有在屬靈生命起步的人。我們列舉這些練習，是因為它們出奇地與這個時代吻合。徒弟會從中得益，只要他為靈命塑造接受嚴格的計劃，並慢慢地學習和注意這些睿智的警告。

1. 它們培養屬靈的驕傲。

這些初學者感到在他們的屬靈操練和壯舉中是那麼熱

情和刻苦，以至某種祕密的驕傲在他們裏面產生，引起一種對自己和自己成就的自滿，雖然神聖工作本質上是產生謙卑的。[24]

2.他們知道的比他們實踐的多。

許多人永不滿足地聆聽建議，或學習屬靈格言，或保存這些格言和閱讀有關的書籍。他們花在做這些事情的時間，比花在努力追求苦行和內在貧窮的完美的時間更多，而後者才是他們必須做的。[25]

3.雖然靈性上受到激勵，他們的品格卻沒有改變。

他們在工作上變得脾氣壞，容易被最微小的事情激怒，偶然他們是那樣令人難以忍受，以至無人可以忍耐他們。當他們在禱告中經驗到一些感官上喜悅的回想後，往往會發生這種事情。[26]

4.他們變得靈性上高人一等和審判別人。

透過某些無禮的熱心，他們變得對別人的罪忿怒，他們指摘這些人，有時甚至感到有衝動要這樣忿怒地去做，而事實上他們有時的確這樣做，把自己放在美德之主的位置上。[27]

5.他們貪求屬靈經驗，過於認識上帝。

許多人受到他們在宗教實踐上獲得的愉快和滿足所誘惑，爭取更多屬靈的滋味，過於屬靈的純潔和判斷力；但正是純潔和判斷力，才是上帝在心靈的整個屬靈旅程中，要尋找和接納的。[28]

6.他們把對上帝的經驗神化。

在領受聖餐時，他們花上所有時間，嘗試獲得一些感覺和滿足，而不是謙卑地讚美和尊崇住在他們裏面的上帝。[29]

在領受聖餐時他們花上所有時間，嘗試獲得一些感覺和滿足，而不是謙卑地讚美和尊崇住在他們裏面的上帝。他們按這樣的方式進行，若他們沒有獲取任何可覺察的感覺和滿足，他們就認為自己沒有完成甚麼……一旦他們在禱告中，或任何其他屬靈操練中，找不到喜悅，便感到極度勉強和厭惡重拾它，甚至有時會放棄它。因為畢竟……他們好像小孩一樣，推動他們行動的是享樂而不是理性。[30]

7. 他們用經驗來量度自己的屬靈進程。

他們認為整個禱告的事，就是包括在尋找官能上的滿足和熱愛。他們努力藉著自己的力量得到這些滿足和熱愛，並使自己的頭腦和才能都勞累不堪。當他們得不到這些可覺察的安慰時，便會變得非常悲傷，認為自己沒有做過任何事。[31]

8. 他們在屬靈進步上與別人爭競。

關於嫉妒，他們許多人都會因為別人的屬靈美善感到難過，在發現自己的鄰舍在成全之路上超越他們時，會經驗到可覺察的憂傷，他們也不願聽見別人受到讚美……他們的煩擾增加，因為他們本人沒有受到這樣的喝采，而且他們渴慕在任何事上都得到偏愛。[32]

9. 他們缺乏毅力，並對屬靈操練感到厭倦。

（他們）對更多屬靈練習變得厭倦，並逃避這些練習，因為這些練習與感官滿足相違。因為他們那樣慣於在屬靈實踐上找到愉快，當他們找不到時，會覺得沉悶……結果他們努力滿足自己的意願，而不是上帝的旨意。[33]

10. 他們不願意「計算代價」。

正如那些在奢侈中成長的人一樣，每當逆境來到時，他們都會憂傷地逃避，可以找到屬靈喜悅的十字架，卻使他們反感。[34]

反省問題

- 你何時經驗到屬靈的黑暗、混亂或上帝的缺席呢？
- 你怎樣理解這些經驗？
- 甚麼幫助你透過這些黑暗的時刻成長呢？

約翰是一位屬靈師傅，他大部分時間都過著獨處的生活，但卻經常呼籲他加爾默羅修會的弟兄過與上帝聯合的生活。當我們繼續尋求更完滿地經驗上帝時，十架約翰催促我們不要滿足於我們可以認知的事上，而要尋求我們不能理解的事情。不要只滿足於今天流行的膚淺靈性上，十架約翰催迫我們向著信仰的深處邁進。

> 由於上帝是不能接近和隱藏的……無論對你來說，你似乎找到和感到和明白祂很多，你仍然必須把祂看作是隱藏的，並好像一個隱藏的人那樣，用一種隱藏的態度服事祂。[35]

徒弟心中的接受能力

十架約翰分享了大德蘭善於接受、勇敢的心的感覺，雖然他的言語更有詩意，他的基調更傾向沉思。

> 在一切中達到滿足
> 在無有中渴望擁有。
> 要擁有一切
> 不渴望擁有甚麼。
> 要達到成為一切
> 渴望成為無有。

要知道一切
不渴望知道甚麼。
要得到你沒有的享受
必須透過你不享受的方法。
要得到你沒有的知識
必須透過你不知道的方法。
要擁有你所沒有的
必須透過你不擁有甚麼的方法。
要成為你所不是的人
必須透過你所不是的人的方法。
當你轉向某種事物時
你便不再指望那一切。
因為要從一切走向一切
你必須在一切中捨棄自己的一切。
當你擁有一切時
你必須無欲無求地擁有它。
因為假若你渴望在一切中得到甚麼
你在上帝裏的財寶就不純是你的一切。[36]

就是這種作好準備、警覺和飢渴的精神，會為靈命成長創造空間。約翰經常強調有屬靈導師協助的重要性：「若沒有人了解這些人，他們會轉回並放棄這條路，或者失去勇氣；或者至少會阻礙自己進步。」[37]

徒弟為談話帶來甚麼呢？在偉大的屬靈指導作家中，善於接受的心是一個經常重複的主題。他們明白屬靈導引不是包含一個由師傅強加於別人的活動程序，正如一位舉重教練指導運動員那樣；相反，屬靈導引是一個相互影響的過程，有賴徒弟的善於接受。下列徒弟基本特徵的總結，有如創作出心靈旋律的音符：

- 在分享親密的生命課題中赤誠敞開
- 渴望靈命長進和成熟
- 積極回應師傅的指導
- 對師傅有尊敬和愛的態度
- 渴慕服事上帝
- 受教的靈
- 忠於師徒關係，及其他生命的責任。

赤誠敞開的意思是徒弟要有意並培養卸下面具的練習。「顧全面子」肯定是在屬靈導引的過程中，靈命成長的最大障礙。

渴望是飢餓；渴望是口渴。渴望靈命長進和成熟不是隨便的口味，而是強烈的飢餓和口渴。耶穌警告我們，若眼或手犯罪，就要接受屬靈的手術。這種手術並不尋求另一種見解，而是察看內在的自我，並決定聆聽偉大的醫生。

積極回應師傅的指導，是用一顆敞開和準備好的心，單純地願意嘗試師傅的建議。積極回應需要順服。對於今天崇尚個人主義和自我決定的基督徒來說，這可能是最困難的事情！過去的屬靈指導是一種得到指導、引導和領導的過程。在關係中有權柄，雖然最好的屬靈指導是典型的不指導，就是在談話的智慧中呈現的。

或許**尊敬**師傅的語言，對今天的我們會更自在，但大多數人在建立師徒關係的談話後，會很快注意對師傅的愛開始產生，那是對對方的感激和欣賞。這種愛不能強迫，也不可看作發展關係的先決條件；而是互相信任和赤誠敞開的關係的產物。

渴慕服事是回應上帝偉大的善和愛。我們服事不是為要與上帝討價還價，為要賺取上帝的喜悅，而是愉快地回應上帝的愛。若徒弟希望為自己取得權力，不論是屬靈或其他權力，他們都只會失望。成熟的意思是自我否定而不是自我提升。成熟不需要屬靈嚴格主義者的苦行，他們認為我們必須透過自我鞭打的操練，否定或甚至破碎自我；相反，我們渴望的成熟蘊含脫下墮落自我的外衣，正如保羅在歌羅西書描述的那樣。

受教的靈是作好準備的靈。任何有經驗的老師，都可以在數分鐘內嗅出受教的靈。有些人假裝受教：觀看錄像，懂得坐在前排，頭髮梳得貼服，將筆記本打開，眼睛明亮而睜大，甚至在上課前已經舉手發問。資深的老師會很快知道，在假裝背後是否有受教的靈。受教的靈把一項主要的素質帶進課室或師徒的談話中：留心。正如有無數問題的小孩，受教的徒弟在到達前，已花上一星期張開眼睛留心生命和導引的作業，並耐心地準備領受更多。孩童是受教的，正因為他們那麼貪婪地渴望得到更多知識，並在尋求他們想知道的事物時不害羞地提出要求。他們可能對資訊貪婪，但他們往往只是貪婪地要「知道」身、心和靈。

導引的障礙

1. 有些人就是看不見他們需要幫助。他們是強烈的個人主義者，或至少在信仰上堅決地私人化，而且從不考慮別人可以協助他們的靈命塑造。

2. 有些人缺乏自信，認為不值得別人為他們花時間，尤其是當他們認為師傅是重要或忙碌的人的時候。他們感到自己不足，攔阻他們嘗試踏出可能是最重要的一步，令他們靈命得以成長。

3. 我們相信有許多人活在靈命充沛和勝任的假裝之下。他們害怕除下面具，維持一個剛強的公眾形像，大大地扭曲他們自己內在的痛苦、懼怕、軟弱、不足或歷史。由於他們已經處身領導或成熟的地位，他們相信自己應該一無所缺，而不敢在尋求師傅中表現出軟弱。

4. 有些人有很好的理由拒絕導引的職事：他們在過去與老師、教練或師傅有很差的經驗。他們過去受到壞的導引、令自己受傷的關係、或者甚至在領袖手中受到侵犯，使他們變得猶疑，阻礙他們投入。

5. 一個阻礙人們透過屬靈導引得到力量的障礙，可能是不願意順服別人的權柄。這不單妨礙師傅的工作，也妨礙聖靈的作為。只有在我學會順服是甚麼意思時，我才明白擁有權柄是甚麼意思。同樣，只有在我學會順服聖靈在我生命中的作為是甚麼意思時，我才領會發揮屬靈權柄的功能是甚麼意思。不願意順服的徒弟，也不願意積極回應師傅的指導。

給師傅的進一步反省

1. 你有否小心地與徒弟立約？
2. 你們的關係怎樣在徒弟生命的土壤中生長，即是，你怎樣嘗試把談話引進反省徒弟生命中真實，甚至是雜亂的部分呢？

3.你是否繼續為徒弟禱告,並愈來愈喜愛徒弟呢?

4.考慮你自己對導引的猶疑或難題:有甚麼事情阻礙你尋找師傅或接受別人作你的師傅?

給徒弟的進一步反省

1.你是否意識到甚麼阻礙你積極回應和受教呢?你是否察覺到任何障礙,使你不能開放地與這位師傅建立這份師徒關係呢?

2.你可以做甚麼令自己更能夠除下面具,以便更能夠向聖靈開放自己呢?

3.你怎樣評估你對屬靈引導的受教性、積極回應和準備程度呢?

註釋:

1. J. Robert Clinton, *The Mentor Handbook* (Altadena, Calif.: Barnabas, 1991), p. 17 of chapter 2.
2. 同上書。
3. Teresa of Ávila, *The Book of Life* 9.8. See Teresa of Ávila, *The Collected Works*, trans. Kieran Kavanaugh and Otilio Rodriguez (Washington, D. C.: Institute of Carmelite Studies, 1979), 2:25.
4. J. Mary Luti, *Teresa of Ávila's Way* (Collegeville, Minn.: Liturgical, 1991), p. 87.
5. Cheslyn Jones, Geoffrey Wainright and Edward Yarnold, eds., *The Study of Spirituality* (Oxford: Oxford University Press, 1986), p. 365.
6. John of the Cross, *The Ascent of Mount Carmel*, in *Selected Writings*, ed. Kieran Kavanaugh (New York: Paulist 1987), p. 143.
7. Quoted in Luti, *Teresa of Ávila's Way*, p. 68.
8. 同上書,頁69。

9. Teresa of Ávila, *The Interior Castle*, trans. and ed. E. Alison Peers (New York: Doubleday/Image, 1989), p. 197.
10. 同上書，頁 162。
11. 同上書，頁 14 ～ 15。
12. 同上書，頁 28。
13. 同上書，頁 76。
14. 同上書，頁 231。
15. 同上書，頁 229。
16. *The Collected Works of St. John of the Cross*, trans. Kieran Kavanaugh and Otilio Rodriguez (Washington, D. C.: Institute of Carmelite Studies, 1979), p. 13.
17. John of the Cross, *Selected Writings*, p. 201.
18. 同上書。
19. *Collected Works of St. John of the Cross*, p. 83.
20. 同上書。
21. 同上書，頁 164。
22. 同上書，頁 77 ～ 78。
23. 同上書，頁 78。
24. 同上書，頁 164。
25. 同上書，頁 168。
26. 同上書，頁 173。
27. 同上書。
28. 同上書，頁 174。
29. 同上書，頁 175。
30. 同上書，頁 175 ～ 176。
31. 同上書，頁 176。
32. 同上書，頁 177。
33. 同上書。
34. 同上書，頁 178。
35. 同上書，頁 185。
36. John of the Cross, *Selected Writings*, pp. 78 ～ 79.
37. 同上書，頁 185。

第六章

恩典的操練——負責任

我還有末了的話：你們要靠著主，倚賴他的大能大力，作剛強的人。要穿戴上帝所賜的全副軍裝，就能抵擋魔鬼的詭計。

因我們並不是與屬血氣的爭戰，乃是與那些執政的、掌權的、管轄這幽暗世界的，以及天空屬靈氣的惡魔爭戰。所以要拿起上帝所賜的全副軍裝，好在磨難的日子，抵擋仇敵，並且成就了一切，還能站立得住。（弗六10～13）

使徒保羅

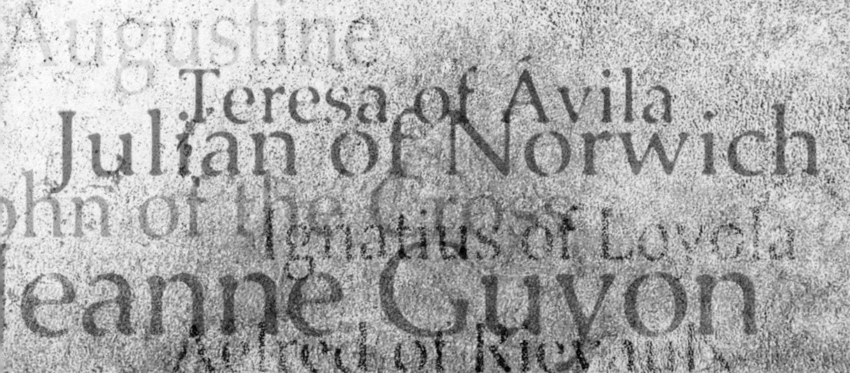

若導引的目標是使我們更像基督，我們仍然要問，怎樣達成呢？甚麼實踐或操練可以幫助我們踏上成長之路？基利（Thomas R. Kelly）在其經典作品《敬虔之約》（*A Testament of Devotion*）中說：

> 生命需要從一個中心，一個神聖中心活出來。我們每個人都可以活出這樣的生命，充滿奇妙的能力、和平與寧靜，充滿整合、自信與簡化的多元；但有一個條件──就是，**我們真的這樣希望**。[1]

我們可以證明個人操練和高明的委身的力量。蘭迪寫著：

> 在我還未準備好完全相信自己之前，史葛（Scott）早已相信我。當我還未預備好參加在明尼蘇達州杜盧市（Duluth）舉行的祖母馬拉松前，他早已有信心我會決定完成這項比賽。他知道要我第一次跑馬拉松，需要有推動力、堅毅和平凡、長期刻苦的練習。他應該知道這點──因為他的職業是教導體育和訓練運動員參加大學程度的競賽。當他做我的教練時，也成了我的師傅。他指導我時，將自己整個人傾注在我的生命中，與我一起跑，然後放手讓我接受十五至十八哩的耐力測試。他的負責

> 任措施是適時的，將溫柔的鼓勵和大力的推動獨特地結合起來。在我受訓期間，他的練習是適時適量的。
>
> 他給我的訓練，令我最驚訝的是當我在比賽前一個月達到巔峯狀態的時候。史葛明白過度訓練馬拉松參加者的危險，尤其是在臨近比賽的時候。在我受訓期間，我從未跑過十八哩以上，而我假定，自己距離完成二十六點二哩這個那麼長的賽程還很遠，但史葛卻睿智地要求我進行一段時期的「降低訓練」，幫助我儲蓄能量留作比賽之用。在訓練期間，我要跑畢全程的熱情衝動，因適時的話得到提醒；當我想在人生的競賽中需要「過度訓練」時，這適時的話繼續提醒我。他說：「你已有很好的訓練。透過我們的不斷練習，你已建立了足夠的耐力，使你絕對能夠超越比賽那十八哩的標記。若你想完成比賽的話，你需要信任我，這個時期的訓練，與先前的訓練同樣重要。」

要完成馬拉松比賽，跑手需要委身、堅毅、力量和耐力，並明顯地需要別人的幫助，在訓練中要求他們負責任。健康需要運動。我們在體育課中明白這點，但這個原則也適用於靈命塑造。

在本章我們會提供實際的問題、負責任的建議和有關方法的例子，可以用來建構師徒關係。我們等到現在才提供這些工具，因為我們深信，屬靈導引基本上不是一個方法，而是一種關係。它不是步驟、程序或「怎麼辦」的清單，讓師傅用作祕訣或方案。因此我們謹慎地處理方法的問題，專注於首先需要培養殷勤、信任、親密和友誼。羅耀拉的依納爵和蓋恩夫人的聲音驅使我們透過心靈的操練，發展靈性健康；並提供**負責任**的措施，讓我們好好地完成信仰的競賽。

為要創造有效的師徒關係，心靈的嚮導都知道某程度的負責任是必需的。正如透過馬拉松跑手的教練的**負責任**措施可以實現嚴格的訓練；加力促使靈命成長也需要某程度的負責任。若沒有透過教練設計的訓練措施產生的內在推動力，沒有馬拉松跑手能夠完成比賽。當有人發出一項用鼓勵包裝的挑戰時，我們的動機量度儀便會受到影響。屬靈導引也是如此。

不論給予暗中或明顯的功課，師傅都必須確保徒弟貫徹到底，並從關係中得著最多。知道自己需要負責任，會刺激徒弟從關係的環境中得著最多。[2]

負責任的動力確實會幫助維持和引導關係達至加力。力量調整、心肺功能調整和耐力發展對跑步的重要性，正如屬靈操練對靈命塑造的重要性一樣。不要把它們與作為目的的真正比賽混淆，它們只是預備的方法。不要把它們等同於信仰的完全，雖然它們產生一種專注的思想傾向（mindset）和「心態」（heart-set），它們裏面也有許多信仰成分。師傅的任務，就是藉著在適時的進程中分配成長的措施，保持徒弟的負責任。由於每種師徒關係都有本身的故事和動力，萬用的常規訓練是不可能有的。每個處境都需要有本身的負責任問題。導引不能以一個簡化的填充書本來完成，就是為所有人預先決定正確的步驟，並跟從鎖定的步驟進行。師傅需要有智慧、明辨、適應、富創意的計劃和深思的預備。

緩慢的成長

靈命塑造是一個緩慢的過程。若沒有屬靈操練的紀律，靈命塑造的道路會變得隨意和混亂的。屬靈操練緩慢地推動人前進，甚至令人毫不察覺。奇夫回憶最近坐在岩石上，享受一個罕有的下午，在南佛羅里達州凝視大西洋的海面。

> 南方的遠處有一艘帆船駛向北方，幾乎沒有怎麼移動，或者看來如此。近岸有快艇，一艘大型遊輪和許多遊艇，橫過地平線。船隻的噪音和移動吸引我的注意，讓我享受著並迷住我——潮汐的不斷擺動，水鳥，其他鳥類，行人專注於談話。突然間，我抬頭望見渺小的帆船，現在幾乎看不見，差點離開了地平線。出乎我意料之外，那緩慢、穩定移動的風和帆，推動著帆船前進。直線進行嗎？不是，更像蜿蜒而行，跟著風的吹動和海浪的推動。不顧一切地前進嗎？不是，它在風中和海上很少是這樣。更像拖動著、推動著和穿梭著。當風勢強勁，帆也拉正時，速度可以快得驚人，當風勢微弱，帆也鬆弛時，便需要忍耐等候。在甲板上充滿活動——升起帆、改變風向、轉移方向、修整船脊或等待——但水手知道甚麼時候應該做甚麼。

屬靈操練是學習看透風向和明辨時刻的練習。目標是容讓風吹進你的帆。屬靈練習是有意圖的、恆常的實踐，使人能夠成長。在帆船上，**除非**人們不喜歡航行，或者忘記了在船上的生命目標，否則捕捉風向的必須操練，不會被視為繁重的任務或空洞的工作儀節。使一隻船作好準備航行的儀節，等同於我們在本章所描述的屬靈操練——它們是我們捕捉聖靈的風向所必須的實踐。我們練習這些操練，使風可以吹進我們生命的帆中。

屬靈的負責任可以簡單得有如一些基本問題，在我們一起工作的初期，由屬靈導師提出：

- 你這個星期有甚麼起與伏？
- 你有沒有忠實地跟從你願意委身的操練呢？
- 在這星期的經驗中，你聽見上帝對你說甚麼？

這些問題邀請徒弟反省自己的生命。讓我們嚴肅地面對我們從幾乎所有歷史上的屬靈作家中學會的，就是在我們自己的故事、經驗和感官中，以及對這一切，透過這一切，上帝賜下啟示。讓風充滿我們的帆，需要我們發展適合我們生命的屬靈操練。歷史上在指示我們達到負責任的清晰道路這方面其中一位最偉大的教師，是羅耀拉的依納爵。

羅耀拉的依納爵

依納爵於一四九一年在西班牙巴斯卡郊區富有的羅耀拉家庭的堡壘中出生。他活在教會歷史上一個十分重要的轉變時期。十五和十六世紀經歷了政治權力、土地分配、教育和教會權柄的戲劇性轉移。由於宗教改革運動，這個時期教會接受了新的身分。

> 依納爵生活的時代，封建制度的公侯需要屈從於正在崛起的強大中央政府。君王藉著合併分離的省份建立國家，變得愈來愈強大，正如費迪南 (Ferdinand;

> 一四五二至一五一六)和伊莎貝拉(Isabella;一四七四至一五〇四)在西班牙努力要做那樣……在海外,西班牙不斷擴張其新建立的帝國,並竭力使當地的土著歸信基督教……在北歐,宗教聯盟正在解體。路德於一五二一年被驅逐出教,同年依納爵在羅耀拉悔改;亨利八世亦於一五三一年成了聖公會的元首。南歐仍然在信仰上合一;但正如在北方,人民對信仰的無知以致忽略實踐,往往嚴重得駭人。教會充滿濫權的事,並需要「徹頭徹尾」的改革。[3]

依納爵於一五一七年加入軍隊,四年後在法國邊境一場戰役中腿部受了傷。後來證明,他的受傷是一個關鍵時刻。他返回羅耀拉養傷,在那裏他只能夠從事安靜的活動,包括閱讀一本稱為《基督生平》(*The Life of Christ*)的書。透過閱讀這本書,他歸信基督教,並且為更深入地鑽研其他基督教作品,包括湯馬斯·肯培的《效法基督》,及無數有關聖法蘭西斯的故事。

他的生命來到一個交叉點,需要作出抉擇。他一方面受財富、名譽和權力試探;另一方面,又受聖法蘭西斯簡樸的靈性深深吸引。一五二三年,當他從戰爭的傷患康復過來,但成了傷殘人士後,依納爵出發往耶路撒冷朝聖。據說他決定變賣自己所有財產,穿著麻布啟程往聖城。他的船被拘留在一個稱為曼利沙(Manresa)的港口市鎮一段長時間,他在那裏居住了差不多一年。在這段時期他得到一次出神、神祕的經驗,驅使他開始更嚴肅地研究他已經選擇了的信仰。透過這經驗,他看見教育基礎是極為重要的,對教會與社會都有重大影響。在他自己的學術成長時期，他對教育改革的信念日益堅定。

隨著時間過去，依納爵「在他思想的重點中，仍然維持他在羅耀拉和曼利沙構想的基本見解和目標：一切都是為了『服事和讚美神聖的君王』而做，並嘗試『達到讚美、榮耀和服事上帝我們的主』；為了『上帝的榮耀和讚美，』需要指導和安排好我們的生命。」[4]

在宗教改革的歷史時期，依納爵試圖帶來改革──一種每個人內心的改革。對依納爵而言，基督徒生命是要成為社會的動力。每個基督徒都應該因為自己「靈命成長和精力充沛的使徒式努力」而為人所認識。[5] 基督徒生命的原動力，來自不斷保持與上帝親密的關係。依納爵的內在改革所推動的精髓，可以在他的經典作品《神操》(*Spiritual Exercises*)中看到，他的寫作目的是引導信徒靈命長進、成熟和事奉。只是經過三十年後，激勵依納爵的信念才得到極大程度的實現。他在一五五六年死時，已經創立了三十三所學院，並寫成他的《神操》，成了靈性改革的經典，而且多個世紀以來，他繼續影響教會的屬靈思想和實踐。

屬靈操練

《神操》是為屬靈導師而寫的手冊，但它的指導為今天的屬靈師傅提供歷久常新的資源。它的精意是協助師傅，引導徒弟透過禱告邁向靈命成熟。依納爵的原意是用他的指引作為期三十天的退修，不過，這本書提出的原則卻可以應用到不同的時間框架。[6] 在退修的處境中，徒弟接受指導經歷一個過程，「清除心靈所有『過度的依附』，這是尋求和發現上帝旨意所必需的預備工夫。」[7]這種心和靈的依附，使人陷在奴役中，並阻礙他培養留心上帝聲音的能力。依納爵為屬靈操練所下的定義，提供一個實行屬靈導引的起步點。

> 「屬靈操練」一詞指所有考驗良心、默想、默觀、口禱和心禱，以及後面會提及的其他屬靈活動的方法。因為正如散步、遠足和跑步是身體操練，我們稱屬靈操練為所有預備和部署心靈，為要除去自己所有過度依附的方法；並在除去依附之後，在我們生命的意向中，為了我們心靈的得救，尋求和發現上帝的旨意。[8]

當上帝完成在信徒生命中開展的善工時，我們透過聖靈持續的奧祕在靈性上得到塑造。弔詭的是，我們不能做甚麼導致生長。當我們學習留心上帝臨在我們的生命時，成長便是一份賜予我們的禮物。田間的農夫沒有令種子生長，而是站在生長的奧祕面前等待。另一方面，我們可以從認識營養、環境、陽光、雨水等元素，以及雜草和害蟲帶來的破壞而得益，我們也可以預備好土壤。依納爵的操練號召我們到起步點，就是在禱告中，並喚起我們一種依納爵式的默觀，包括閱讀、默想和禱告。

對依納爵來說，師傅明白，在師徒關係中基本的主動「聲音」屬乎上帝。所以，為要明辨上帝想在徒弟生命中完成的事情，師傅需要熟習默觀和默想，在睿智的輔導中有閱歷，能夠掌握聖經及神學觀點，最重要的是，對徒弟有一份真摯的愛。在關係的處境中，師傅運用忍耐、給予鼓勵、説明過程、為作決定而分享智慧，使徒弟意識到屬靈爭戰的動力，並明辨徒弟的整體接受程度。

屬靈導引有兩個基本目標：第一、依納爵尋求培養人認識自己是被上帝揀選的——一種透過與上帝建立親密關係而認識的揀選。第二、《神操》是使人明辨上帝對自己獨一無二的服事的旨意，為服事作好準備。

對有些人來説，「屬靈操練」是一種矛盾的説法，因為「心靈」代表自由，絕不是嚴格的負責任的操練。然而，若我們運用「得以自由地歌唱」這個比喻，我們就更容易理解。作曲家將翅膀給予自由，實行無數操練，產生和諧作品。和弦在音樂作品的「法則」中被「聽見」。一首歌曲，按定義，就是一個音符與和弦的編排，成為一首有目標、連貫的作品。自由，按其本質，不是混亂隨意的無秩序狀態，卻需要倚賴在創意的操練中的結構。屬靈操練需要編排，注意流程，意識到和諧的規則，並對成長、塑造和成熟的法則運用負責任。沒有這些操練，成長會受到限制，發展只是隨意的，塑造只限於局部。目標不是強加僵化的練習，以這種練習作為目的。目標永遠是成熟，「為要成全聖徒，各盡其職，建立基督的身體，直等到我們眾人在真道上同歸於一，認識上帝的兒子，得以長大成人，滿有基督長成的身量……凡事長進，連於元首基督。」（弗四12～13、15）

引導的反省時間

依納爵式操練其中一項顯著的貢獻，是他為引導的反省時間提供的指引。細心反省的思考是有效的屬靈導引的

常規部分。我們建議對反省的工作有四種「看見」(looks):

- 回顧(look back)
- 審視(look through)
- 盼望(look forward)
- 尋找(look around)

回顧運用**記憶**,回想最近過去的日、星期、月或年,為要注意我們之前可能錯失了的事物。當我們嘗試與上帝在我們生命中的意向合作時,我們懷著上帝的心思回顧。怎樣做?回想、回憶和重溫事件、人物和思想或感覺。

找一處安靜的地方,讓你可以細心思想重大的事件、與人的談話、思想和重要的感覺。有些人發覺用日記寫下他們的思想和過去經驗的回憶是有幫助的。其他人則用日記細想他們當時的思想和感覺。用你的記憶作為一種「即時重播」,重溫對你看來意義特別豐富的時刻。

有沒有特別的思想掠過你的心思呢?你是否看見在這些和其他事件或當日的談話之間有任何連繫呢?你有否感到上帝透過當日的經驗向你說話呢?在你的反省中有否為你形成任何特殊的意義呢?不要急於解釋事件。在這個階段,只要回憶和重溫就夠了。

審視是運用**思想**觀看更深的意義。審視就是開始更細心地觀看,在最近過去的經驗中的連繫和意義。在你的回顧中甚麼是「上帝的」?有沒有甚麼意義的模式開始向你呈現?在你已找出的事件、人物和思想或感覺之間,有甚麼連繫?有否痛楚或苦難激起你的憐憫?有否不公義的感覺激發你作出行動?有否為你呈現一個情節,就是一種對你生命一致、有方向或挑戰的感覺？有否一個持續的主題，這時刻在你思想中向你呈現呢？你能否用任何特殊觀念、形像或思想分辨出那主題呢？（參附錄四：「發展個人的時間線」）

盼望運用**想像**看見將來的方向。從你反省的結果，似乎指示著甚麼觀念、主題或決定呢？若你聆聽持續的觀念、形像或思想的「微小聲音」時，你的生命看來會有甚麼不同？上帝是否似乎引領著一個方向呢？你是否需要改變甚麼行動、思想或感覺呢？上帝是否似乎呼召你為得著更多、新的或更深的事情前進呢？你是否開始愈來愈看清楚一個事奉的焦點呢？如果你要因為從反省而來的推動而行動，在實踐方面會看似怎樣？

尋找運用**羣體**觀看分擔事奉的資源。到現時為止的推動，對你的家庭、朋友、教會或羣體有沒有任何含意？你需要甚麼支持來幫助你完成這新的行動？為要向前邁進，你需要與其他人完成甚麼舊事？在任何新的國度事業中，（朋友或教會的）羣體可以怎樣成為你的夥伴？羣體可以怎樣在禱告、鼓勵和情感的支持上，成為你的夥伴？你有否渴望鼓勵其他人進行類似的操練、事奉或生活方式呢？誰可以協助你為在自我反省期間產生的新信念、行動或觀念負責？你會怎樣與你的師傅分享這一切？

依納爵式操練

依納爵差不多比任何同時代的人，都更懂得怎樣創造屬靈操練的「系統」，推動人們邁向成熟。他為徒弟在屬靈導師的指導下，經過禱告和集中的默觀等步驟，把《神操》分為四個星期或組合。雖然他安排的退修為期三十天，但所用的觀念也有助於為徒弟提供非正式負責任的結構。簡言之,《神操》的結果是為由聖靈引領的生命提供澄清和指導。我們建議師傅把「星期」的描述看作對屬靈的留心有幫助的行動。細心注意依納爵如何帶領退修者朝向靈命成熟前進。明顯地,他把每星期看作下一步的訓練,邁向屬靈的耐力和堅毅的另一系列訓練措施。我們會敘述他的措辭,然後解釋,並提供實際的應用。

心的預備(第一週)。徒弟集中在洗滌或淨化心靈脫離罪。要完成這事,他們必須降服理智、意志、想像和情緒。在這個階段,徒弟正視自己生命中假裝的外表。在別處我們把這事稱為從我們的生命中清理破瓦。淨化心靈就是預備心靈來聆聽。這可以包括無懼地列出一份個人生命的清單,找出何處存在對信仰的障礙,或有甚麼阻止自己成長的習慣。它是一個人對自己犯罪傾向的忠實和清醒的評估。

在第一階段,在師傅引導下,徒弟嘗試藉著淨化心、靈、習慣和意圖,來清理道路。依納爵似乎有意「清理道路」,讓彌賽亞可以在大能中蒞臨。他明白我們能夠透過「過度的依附」,即是:擾亂、岔開、習慣或罪「消滅靈性」,阻隔我們進步或使我們不能認識上帝的旨意。依納爵知道許多基督徒在屬靈上漂流不定。因此這淨化或清洗的步驟包含每天的良心檢驗,為要除去罪和錯失的阻礙。雖然這種自我檢驗不是今天流行的操練,但屬靈旅程必須有一份對內心審慎的道德和屬靈的清單。我們停下來,細想擾亂我們的習慣和耗損我們的詭計。依納爵認為屬靈操練是有幫助和必需的,藉此可清除心和靈的心靈依附,這些依附阻止人專注於上帝的聲音。

心的美德(第二週)。徒弟透過默觀基督的道成肉身和美德,並基督給予積極地傳揚國度的邀請,尋求光照。在這第二階段,徒弟得到幫助,在思想和感覺上更像基督。結果,徒弟回應基督的邀請,實行在世上建立國度。徒弟關乎自己生命的決定,因默觀基督在地上的事奉而受到影響。

第二階段的焦點轉向基督。依納爵式靈修以基督為中心,引導我們默觀耶穌的位格和生命。默觀基督作為典範、君王和真正的統帥,產生一種謙卑感,並有助推動我們作出像基督的抉擇,正如依納爵指導那樣。

> 讓他無欲無求,除了追求在自己所做的一切,都更大地讚美和榮耀上帝我們的主。因為每個人都必須記住,在所有關於屬靈生命的事上,自己有多大進步,與自己降服自私的愛、自己的意願和興趣的程度成正比。[9]

依納爵嘗試帶領退修者更深入和更加「效法並在實際上更像基督我們的主。」[10]學像基督需要不斷增長對上帝的認識,結果是活得更像基督,順服上帝在我們生命中的呼召。最近一位牧師說:「在我的教會有許多人渴望經驗基督,但卻很少人想服事祂;許多人渴望從上帝得到確實的啟示,但卻很少人願意投身嚴格地研究和認識祂。」

心的習慣(第三週)。徒弟透過默觀基督的受苦,尋求與上帝親密。這第三階段包括邀請徒弟把自己個人的受苦與基督的受苦聯合起來,從而呈現基督的品格。

這第三階段集中我們的注意力在耶穌的受難，讓我們可以進一步學習效法我們的主。耶穌的受苦和死亡，為我們的拯救開啟道路，並感召我們過聖潔生活。

> 考慮到基督為我的罪受所有這些苦，我應該做甚麼和怎樣為祂受苦。[11]
>
> 當人吃飯時，讓他想像自己看見基督我們的主，並祂的門徒在桌前，並思考祂怎樣吃喝，祂怎樣看，祂怎樣說，並努力效法祂。這樣，他的心思會主要被我們的主佔據，而較少被供應身體所需佔有。這樣，在他應有的行為方面，他會達到更大的和諧和秩序。[12]

效法基督讓我們想起湯馬斯·肯培和羅倫斯（Lawrence）修士的作品。兩人都建議對基督的心思增強意識的操練。徒弟可以透過研究、默想耶穌的受苦和默觀作門徒的代價，達成這事。

心的回報（第四週）。在最後階段，徒弟透過基督的喜樂尋求與上帝親密。這階段包括慶祝在基督裏的新生命。在慶祝上帝救贖罪人中，徒弟學會留心在上帝的救恩故事中，感受到自己的命運和目標。

第四階段集中我們的注意力在上帝的愛中，為要幫助我們達到上帝的愛。默想復活能產生在愛中喜樂地順服。依納爵說：

> 考慮到所有祝福和恩賜都是從上面降下的。

> 因此,我有限的能力來自上面至高和無限的能力,並因此公義、善良、憐憫等也是這樣從上面降下,正如光線從太陽照下,又正如水從泉源湧出。[13]

他建議的禱告,好好地總結了他所有這些屬靈操練的目標。

> 主啊,取去並接受所有我的自由,我的記憶,我的悟性和我整個意志,所有我的和擁有的。你已賜予所有給我。主啊,我將它交還給你。一切都是你的,完全按你的旨意處置它。賜給我你的愛和你的恩典,因為這對我已經足夠。[14]

這種屬靈操練的規則提供一個實踐的典範,讓師傅與徒弟一起應用。在依納爵的典範中,其他步驟的名稱是淨化、光照、邀請和慶祝。他的步驟提供一個操練的進程,由審視自己開始,以數次悠長地凝視耶穌作結。第一階段集中在心的預備。接著是留心基督生命中的美德和習慣。其賞賜是認識自己是上帝所愛的兒女,並在世上活出上帝兒女的生命。

實踐的原則

在繼續引導屬靈師傅在徒弟身上培養負責任的工作上,有四個主要原則:(一)可調適的殷勤;(二)意向性和操練;(三)想像力和(四)明辨力。

一、**可調適的殷勤**。依納爵教導屬靈導師應該按徒弟的年齡、能力、背景和天性，來調整屬靈引導的活動。四十課的指引，為這個過程提供多種方法、問題、活動和觀念。在整個過程中，屬靈導師都必須按著敏銳和調適的精神來進行。

當提供「操練」的人發現操練者在心靈中經驗不到屬靈的感動，例如安慰或憂傷，也沒有受到許多情緒困擾時，他必須全面地查問操練者有關「操練」的情況……若發現操練者是憂傷或受到試探，導師需要慈祥和溫柔，為他的將來鼓勵和堅固他；導師也應該忠實地告知徒弟，因著他裏面不同的情緒刺激，而產生的各種困擾和思緒；因為，根據他發現或大或小的利益，他的導師能夠給予他一些適當的屬靈操練，適合這樣被困擾的心靈的需要。[15]

十架約翰會完全同意依納爵的見解。約翰說：

> 上帝引領每個人走不同的道路，因此很難會找到兩個心靈有一半的方法或程序是相同的。[16]

用一個故事作為例子或許有幫助。蘭迪期待著仲冬的教職員退修，正如他的神學院同事一樣。

> 在廣闊的南達科他州草原的本篤會藍雲修道院安靜下來，能夠以獨特的方式，帶給人寧靜的目標、觀點與和平。黛蕾 (Del Rey) 修女是我們退修的主持人。她是一位溫柔、但在屬靈上強壯的女性，以能夠幫助人「聆聽自己的生命」著稱。接受依納爵式**屬靈操練**的訓練，黛蕾修女明白在禱告的行動和羣體生命的行動「聆聽那時刻」是甚麼意思。

經過小組禱告後,我們回到自己的房間,用數段指定的聖經經文作個人反省。若我們願意的話,我們都可以個別地和黛蕾修女見面。這裏提供一個機會,讓我們只是得到聆聽或一起禱告。我在房間內等待了片刻,然而我知道自己最終會漫步走下大堂,與這位女士見面,她的靈性產生一種使人好奇的吸引力。我充滿期待的進入她的書房,並準備好作屬靈的探索。她的程序很簡單:她問我為甚麼要來,並邀請我告訴她我信仰旅程的故事。當我向這位閱歷豐富、充滿明辨力、力量和憐憫的女士講述自己的故事時,我知道自己正與一位認識上帝的人一起。她透過明辨的雙眼表達她對我的故事的專注,產生各種感覺。雖然我渴慕那種熱切的考慮,但她的雙眼卻使我感到不自在。有人正在款待我、歡迎我和憐憫地專注聆聽我。我感到她似乎已經知道許多有關我的事情,雖然我們在數小時前才認識。

我記得在薩斯克其高省約克頓市的天主教會,當我還是一個小男孩的時候,我得到麥克神父祝福。雖然我仍然不肯定他對我説了甚麼話,但我記得那是十分重要的話。當麥克神父用他那雙巨手捧著我的頭時,他會注視著我雙眼,並以禱告祝福我,這樣總給我一種得到接納和有目標的感覺。

當我與黛蕾修女見面的時間快要結束時,我毫無疑問地知道我要問的最後一個問題是甚麼。我告訴她關於麥克神父,以及當我還是小孩時他怎樣為我祝福。現在如果我只是要求她祝福我，實在太尷尬了，所以我聰明地把我的問題用牧職的語言重新包裝，變成一個專業牧者向另一個專業牧者提出的問題。「那麼，黛蕾修女，對於透過你的事奉祝福別人這個觀念，你有甚麼想法呢？」

她面上立刻流露出溫暖的笑容。她給我縱容小孩的表情，並對我說：「蘭迪，我可以把手放在你額頭嗎？」沒有許多說話或複雜的儀式，她把她那隻瘦骨嶙峋的手放在我頭上，並為我祝福。在得到接納和目標中，我再次感到自己得到更新。

反省問題

- 甚麼阻止你相信自己的生命可以成為祝福？
- 在你的生命中，何處渴慕得到祝福？
- 誰需要從你的雙手得到祝福？
- 誰曾為你的生命給你祝福？是最近？還是過去呢？

學習明辨

為屬靈指導而寫的屬靈操練文集，不是一本烹飪書，只要死板或逐字地跟著去做的簡單食譜。明辨的方法，我們稱為可調適的殷勤，是屬靈導師一個基本的功能。李卓（Kenneth Leech）說：「屬靈操練是一個靈性的寶庫，其目標是使個人能夠在好的指導下，發現正確的禱告方式。『我們的天父希望我們在所有活動中，儘可能地得自由，在自己裏面感到舒適，並順服那獨特地給予每個人的亮光。』『天父告訴我，他看見在靈性上最大的錯誤，是想用自己的形像塑造別人。』」[17]

依納爵把明辨聖靈分為兩大類別，他稱為安慰（consolations）和憂傷（desolations）。

> 我稱安慰為在心靈中喚起的一種內在行動，藉此它被造物主兼上主的愛燃點……同樣地，安慰是當人朝向上帝的愛而流淚，不論是因為憂傷或罪或因為基督我們的主的受苦……最後，我稱安慰為每個信、望和愛的增長，並所有內在的喜樂，邀請和吸引屬天的事情，並人心靈的拯救，就是在他的造物主兼上主中，藉著平安和寧靜所充滿的。[18]
>
> 我稱憂傷為完全相反的事情，在第三規則已經描述過，正如心靈的黑暗、靈的混亂，低下和屬世的傾向，從許多騷擾和試探引起的不安寧，導致信的缺乏、望的缺乏、愛的缺乏。[19]

他為明辨所定的規則非常實用，這從他對陷在憂傷的人提出的其中三個警告可以得到證明。

> 在憂傷的時候，我們絕不應作任何改變，卻要在憂傷之前引導我們所作的議決和抉擇中，保持堅定和穩固。
>
> 當人在憂傷中，他應該留心上帝為要試驗他，容讓他用自己天然的能力對抗敵人不同的困擾和試探。
>
> 當人在憂傷中，他應該在忍耐中努力堅忍。[20]

二、**意向性和操練**。有些人認為依納爵式訓練是嚴格、苛刻或死板的。我們卻認為這種操練是密集和有意向的。正如我們在這章所做的，依納爵為退修者集合各式各樣的實踐、操練和建議，作為導引實踐的典範。可調適的原則建議師傅必須明辨，為徒弟的生命和需要度身訂做適合他們的方法。依納爵也發覺屬靈導師必須退居次要、幕後的位置，好讓上帝的工作可以完成。師傅需要信任上帝在徒弟生命中已經存在的行動。

> 操練的導師，作為平衡的天秤，沒有偏向任何一方，應該容讓創造主直接與受造物交往，也讓受造物直接與他的創造主兼上主交往。[21]

正如李卓所說：「他提供指引，包括：禱告的地方、環境、身心的控制、心智的回憶、想像的組成和運用、預備的禱告等等。」[22]

在《神操》的結尾有一個包括六個部分的模式。它是屬靈導師在導引退修者時可以跟隨的方式。給屬靈導師的指引是：

- 鼓勵恆常每天實踐默想
- 指導徒弟每天檢查自己的良心，讓徒弟細心地研究當天的事件，看看自己在哪裏偏離了上帝對我們生命的旨意
- 帶領徒弟每週認罪和領聖餐
- 建議「他應該選擇一些好的告解神父，並把他們看作這屬靈旅程的嚮導，與他們一起處理關乎他心靈的每件事情」
- 帶領徒弟與其他基督徒一起有屬靈閱讀的團契

- 鼓勵徒弟每天在美德中成長。[23]

三、**想像力**。透過細心閱讀聖經、默想和禱告的過程，人能夠更完全地默觀上帝的位格和屬性。這種默觀的目標是讓人得到安慰。

> 我會在自己的記憶中，喚回我已經接受的恩賜——我的受造、救贖並其他特別給我的恩賜。我會用深度摯愛細想上帝我們的主為我做了甚麼，並祂賜給我多少祂所擁有的，以及因此，這同一位主怎樣根據自己神聖的設計，渴望甚至連祂自己也賜給我。
>
> 然後我會反省自己，並思考在我自己方面，根據所有理性和公義，我應該將甚麼奉獻和給予神聖的君王，即是說，我的所有財產以及我自己。我會好像懷著深度摯愛作出奉獻的人那樣，並且說：
>
> 主啊，取去並接受所有我的自由，我的記憶、我的悟性，並所有我的意志——所有我有和擁有的。主啊，你已把所有賜給我。我現在歸還給你，主啊。一切都是你的。根據你的旨意處置它。賜給我你的愛和你的恩典，因為這樣對我已經足夠了。[24]
>
> (譯者按：與註14的引文相同，但來自不同譯本)

依納爵對在聖靈的生命中想像的價值，有一個奇妙的洞見。有時在基督徒圈子中，想像或製造形像被視為壞事，但想像實際上是內心一種信心的行動，用屬靈的眼光看上帝所做的事情。耶穌經常重複的話語，呼召我們想像未完全實現的上帝的國:「有耳可聽的,就應當聽」(太十一15)。用耳聽和用眼看,我們操練用上帝的眼光看世界的信心;或許最清晰地陳述我們的目標,好像上帝那樣看,好像上帝那樣愛。

依納爵式屬靈指導的特色是實用的指引,卻也是奇妙地憑靈感運用想像力。他指示退修者回想起人物、處境、記憶和思想。例如,他其中一項指引是:「第五個默觀:這會包含將五種感官應用在第一和第二項默觀的內容上。」[25] 遠在引導意像的默想還未流行或成為廣泛使用的默觀方法之前,依納爵已經引導人們運用自己的心思、想像和感官促進自己的靈命成長。他寫道:「當默觀或默想是關於一些可見事物,例如,當我們默觀基督我們的主,我們在想像中看見的圖畫,就是我們想默觀的對象所處身的具體地方。我說的具體地方是,例如,耶穌或祂的母親處身的聖殿或山上。」[26]

> 我會回想起我生命中所有的罪,回顧年復年、日復日。[27]
>
> 我會思考我是誰,並藉著典範使自己謙卑:
>
> 1. 與所有人相比,我是誰?
> 2. 與天堂的天使和聖徒相比,所有人是甚麼?
> 3. 在與上帝相比下,思考所有受造物是甚麼。
>
> 然後只有我時,我可以是甚麼?[28]

四、**明辨力**。依納爵為"*diakrisis*"或明辨的靈的工作,提供一個實用的方法。在依納爵之前明辨的焦點是在態度、美德和個人生命的狀況上；他把焦點移向在生命的具體處境中的行動。依納爵用以下的問題，為作決定和明辨提供實際和有用的操練：若你面臨死亡，你會選擇做甚麼？若你要描繪一位你不認識，卻希望他實踐完美的人，在這特殊的處境下，這人應該決定做甚麼？

對依納爵來說，屬靈操練的一個目標是學習在所有事物中看見上帝。一個對退修者很實用的操練，是回顧當天，並嘗試用上帝的眼光去看那天。在我們尋求領導技巧和策略中，我們或許忽略了最關鍵的問題，就是透過認識上帝全權地塑造我們的故事──甚至在我們知道自己被塑造之先──塑造品格（詩一三九13～16）。在《故事的醫治能力》（*The Healing Power of Stories*）一書中，泰勒（Daniel Taylor）談及「我們自己生命的故事素質」：

> 把我們的生命看作故事，而不是一系列沒有連繫、隨意發生的事件，使我們的生命更可能擁有在最好的故事中找到的東西：重要和有目標的行動。我們都非常希望擁有它，因為它關係到我們因何在此。若我的存在，對世界沒有分別，不能令世界變得更好，我就很難找到活下去的理由。除非我開始明白我與別人、與過去、與將來的連繫，否則我很難看出我是或我做的任何事情有甚麼意義。那連繫基本上是故事的連繫──生命在一個有目標的情節上在時間上交織在一起。從這個方式理解我的生命，給我更好的理由，以樂觀和勇氣活出生命。[29]

在師徒關係的分享工作中，我們學會怎樣看連繫，怎樣認出情節，並怎樣享受我們自己的生命和他人的生命展現的故事情節，但它需要注意的操練、專注的實踐，來造成那些連繫。需要有提出好問題的藝術，這是可以培養的。需要有勇氣在隱藏和明顯的塑造任務上，要別人負責。

正如我們一樣，依納爵尤其堅持我們學習在所有事物上看見上帝，在每處地方注意上帝的臨在，用一種新的意識、一種新的細心和一種深度的警覺去聽、看、嗅、觸和嚐。在初期的教會生活，神學（**談論**上帝；**talking about** God）與靈修學（包括與上帝**交談**；**talking to** God）是不分開的。初期教會教父安瑟倫說「信仰尋求神學」，他的意思是教義和禱告彼此相屬，正如反思生命的真實事件，對在我們的生命中找到意義是必須的一樣。依納爵的方法對我們許多在狂亂忙碌的世界中的人來說，可能是困難的，但反省的生活對我們任何人來說，肯定都是可能的。甚至當我們在交通燈前等候時，不是可以禱告嗎？當我們在銀行排隊等候時，不是可以思想當天的時刻嗎？無論我們駕車到哪裏，不是可以關掉收音機、錄音機或光碟機，反省地聆聽我們當天的事件嗎？創造反省時間的操練肯定是屬靈健康的生命線。沒有安靜的時間，深思的反省，我們的靈性會膚淺、貧血和誤入歧途。

在依納爵式的操練中，在每天結束時都有一段「良心的考驗」的時間，讓你反省從上次在那個地方開始，你做錯的所有事情。

他應該在特定的要點上要求自己負責，就是

> 他決定要看守，為要改正和改進自己。讓他度過每一個時候或時段，從他起來的時候到現在考驗的時刻，並……當他每次在特定的罪或錯失中跌倒時，造一個記號。然後更新他的決定，並努力在第二次考驗來臨前改過。[30]

有人建議今天正好是「意識的考驗」，為當天的恩典感謝上帝，並尋求明辨上帝的聖靈整天怎樣在良心**和**在意識中運行。這是透過談話與上帝一起重溫當天。這是講述你自己的故事的屬靈操練，並看見其中的情節、次要情節、主題和角色發展的重要性。靈命塑造需要一種意願，就是活出考驗過的生命、反省的生命、警醒地在一切中尋求上帝臨在每件事物。在屬靈導引的神聖關係中，師傅和徒弟同樣是「採用新近客觀化的原料，並按上帝的呼召、挑戰、領導等措辭解釋其意義。這原料構成一種『生命的詮釋』（life-hermeneutic）。」[31]

有關負責任的建議問題如下：

- 我今天有甚麼事件，即是，當我過生命中過去的一天時，發生了甚麼事？
- 在今天的事件中，是否有任何上帝的微聲或上帝臨在的提示？
- 在結束這天時，我想問上帝甚麼問題？
- 在這天我有甚麼失望？是否無法挽回？可否贖回呢？
- 在這天我怎樣意識到自己活在上帝的旨意中？
- 在這天我怎樣意識到自己活在上帝的旨意以外？
- 神有沒有任何對抗的話想對我說？

- 神有沒有任何安慰的話想對我說？
- 神有沒有任何鼓勵和挑戰的話想對我說？
- 今天我與誰相遇？
- 今天我在哪方面焦慮和懼怕？

問題的操練

正如有效的教導使學生參與多元的學習活動一樣，屬靈導引也會創意地應用三個範疇或類型的問題。葛林姆（Thomas Groome）稱這些問題為批判理性、分析記憶和創意想像。

批判理性的問題採取這些形式

- 我們認為這是甚麼意思？為甚麼？
- 甚麼在此時給予生命？為甚麼？
- 甚麼在此時不給予生命？為甚麼？
- 誰的利益得到照顧？
- 誰在受苦？
- 有甚麼原因促成事情目前的情況？
- 你能否解釋自己的一些態度？

分析記憶受到這些問題鼓勵

- 現在這個情況是怎樣出現呢？
- 在它背後有甚麼歷史——個人或社會？
- 誰的利益把事件引向這個方向？
- 這事為你保留了甚麼記憶？
- 你自己的態度有些甚麼根源？
- 你可否分享一些你講述（或感受，或行動）背後的故事呢？

創意想像得到這些問題鼓勵

- 這事很可能帶來甚麼後果？
- 這裏應該有甚麼結果？
- 我們可以作甚麼讓所有人都得到最好的？
- 我們可以作甚麼合適的改變？
- 我們願意有甚麼後果？我們可以怎樣促進這種後果形成呢？
- 你怎樣感覺到蒙呼召回應？
- 為了**所有人的生命**，我應該有甚麼行動？[32]

所有三類問題的根本目標都是一樣的：推動徒弟在每件事上留意上帝的臨在（和聲音）。這就是終極目標——用能夠令我注意的方式看或聽。師傅沒有帶出預設的樣板答案，屬靈建築的藍圖或甚至個人喜好的效果。屬靈導引不是關乎師傅希望怎樣，甚至不是關乎徒弟希望怎樣。它永遠都是關乎留心上帝寧靜微小的聲音。因此它成了今天其中一項最困難的事奉，因為我們經常認為，我們知道甚麼對別人的生命是最好的。

上述問題是重要的，因為有幾個目的：

- 讓你對自己靈性的經驗投入沉思的反省中
- 邀請你更深入地、更聖禮地思考似乎只是平常的事件
- 從你屬靈反省的結果，激發你去為別人愛和行善，從而轉化我們的世界

在米勒（Wendy Miller）的小書《學習聆聽：靈友指引》（*Learning to Listen: A Guide for Spiritual Friends*）中，她列出一系列激起討論的問題，對師傅與徒弟都可能有幫助。

我的禱告經驗是怎樣的？

當我禱告或默想聖經時有甚麼事情發生？
上帝觸動我生命的甚麼範圍？
我怎樣經驗上帝的恩典？
對我來說，上帝是怎樣的——在聖經中、在禱告時或其他時間？
在這星期（這個月）我怎樣與上帝合作？
我有甚麼還未敞開地帶到上帝面前呢（例如：憤怒或恐懼）？
我在何處錯過了經驗上帝的恩典或愛呢？
我有甚麼需要認罪？
當我聆聽上帝時，我裏面有甚麼改變？
當我在生命中與別人連繫時，我經驗到甚麼態度？[33]

靈閱

另一種靈命塑造的經典操練是靈閱。今天在教會中許多冒充的屬靈指導，更像垃圾食物而不是營養豐富的晚餐。通常查經包含一篇簡短、只有半頁的靈修文章，別人簡化易懂的思想，或將無知、感覺主導的查經集合起來，基本的問題是「這段經文對你有何意義？」對聖經的文盲正在以可怕的步伐增加。甚至那些認識聖經內容的人都缺乏理解。靈閱是一種默觀上帝話語的方法，我們慢慢地閱讀和逗留在其意義時，有如我們與朋友慢慢享用一頓營養豐富的晚餐一樣。

靈閱需要時間、規律和細心。這是在聖靈的生命中一個不變的定理。我們必需持續和經常閱讀聖經。若我們不熟悉聖經的話語，我們的靈性只能建基於其他人而不是上帝的聲音。若我們拒絕聆聽和拒絕打開啟示上帝聲音的聖經,我們對上帝的聲音便會失聰。我們是否相信上帝的話快而有力,比兩刃的劍更鋒利呢?我們是否相信它是生命的道,能夠轉化、更新和創造呢?我們的實踐是否反映我們宣認的信念呢?

思想聖經對人的靈命成長是不可缺少的。諾域治的茱利安這樣一位十四世紀的婦人,在修道團體中過著與世隔絕的生活,可否成為呼召我們的聲音,叫我們回到神聖閱讀、神聖聆聽和神聖注意上帝在聖經中所說的話呢?她寫道:

> 上帝向我展露,祂對所有堅定、謙卑和尊敬地接受聖教會的宣講和教導的男女,有很大的喜悅,因為祂就是聖教會。因為祂是根基、祂是本質、祂是教導、祂是教師、祂是終結,祂是每位忠信的心靈勞苦的賞賜;為每位聖靈宣告這事的心靈所認識,也將會被認識。我肯定所有在這方向尋求的人必然興旺,因為他們是尋求上帝。[34]

靈閱總是牽引我們回到三個問題,是我們認定對我們靈命成長是不可缺少的:上帝是誰?我是誰?我要用我的生命做甚麼?這三個問題提醒我們,我們需要與上帝親密,是上帝所愛的兒女,對國度負有作代表的責任。第一、靈閱會幫助我們明白亞伯拉罕和撒拉、以撒和利百加、雅各和拉結的上帝的屬性。它會引領我們發現,上帝受親密地認識我們的無盡渴望推動。第二、靈閱會幫助我們明白自己是上帝所愛的兒女。當我們視自己為被上帝的愛棄絕或拒絕的人時,我們便扭曲了那閱讀。上帝的憤怒是上帝的愛的重要部分,但即使在憤怒中，我們仍聽見那真理：「惟有基督在我們還作罪人的時候為我們死」（羅五8）。最後，靈閱會推動我們走向世界，以得到能力的聲音，從我們獨特和富創意的話，向世界宣講福音。

奧古斯丁在《懺悔錄》中，講述上帝話語在他生命中的重要性。當他閱讀保羅寫給羅馬人的書信時，奧古斯丁完全被他與聖經的真理及話語中的上帝的相遇懾服。雖然他把大部分生命獻給哲學，聖經仍然是他研究的軸心。透過聖經，耶穌成了他深深親愛和愛戀的對象。

今天的教會深切需要這種對聖經的知識和理解。對聖經的無知將失效散播到教會生活的每一部分——不合聖經的思想、不合聖經的行為、不合聖經的崇拜和不合聖經的領導原則。然而，最具破壞性的，是一種與那位上帝稱為**聖言**（*Logos*）的耶穌基督，不斷失去親密的關係。很明顯，許多人都沒有學會怎樣研讀聖經。

學像基督課程的四項操練

韋勒（Dallas Willard）很好地總結四項實踐，我們相信在徒弟生命中的適當時刻，師傅可以用作有幫助的建議。韋勒相信下列四項操練，是耶穌的學徒成長的根基：

> 兩項禁欲的操練：獨處（solitude）和寧靜（silence）。
>
> 兩項積極委身的操練：研究（study）和崇拜（worship）。[35]

韋勒認為**獨處**是一段長時間不與人接觸，而寧靜的意思是「逃避聲音、噪音，除了大自然柔和的聲音……寧靜的兩個方面，對破除舊習慣，和在我們身上塑造基督的品格都是十分重要的……它們打破混亂倉促完成的生命，並創造一種內在空間，讓人意識到他們正在做甚麼和**將要**做甚麼。」[36]

歷代以來的屬靈教師幾乎一致的聲音是，當人選擇寧靜時，他們需要定期抽出時間。舊約中安息日的教導，向我們展示上帝計劃以一週的時間，讓我們停下來、休息、不工作，因為那是**安息日**（*Sabbath*）一詞的字面意義。在創造的第七天，上帝仍作工。以為上帝甚麼都不作是錯誤的觀念，但更準確的說法是，上帝在第七天安息日的工作，就是休息的工作。

韋勒說，在**研究**中，「我們把自己的心思完全放在上帝和祂的國度上。研究自然的完滿結束就是崇拜上帝。」[37] 為要讓徒弟成為耶穌的真正跟從者，他們必須明白耶穌作甚麼，以及祂呼召跟從者作甚麼。研究需要集中注意在耶穌身上，在聖經寫成的文字上，以及在其他學會成為耶穌跟從者的人身上。保羅在腓立比書四章8至9節概述研究的操練：

> 弟兄們，我還有未盡的話：凡是真實的、可敬的、公義的、清潔的、可愛的、有美名的，若有甚麼德行，若有甚麼稱讚，**這些事你們都要思念**。你們在我身上所學習的，所領受的，所聽見的，所看見的，這些事你們都要去行，賜平安的神，就必與你們同在。

在國度子民的生活中沒有無知的空間。耶穌首先以**教師**的身分來到我們中間。作為**門徒**（門徒"disciples"是操練

“discipline”一詞的字根），我們是**學生**。

> 崇拜……把我們研究的事實印刻在我們整個生命中。其影響是徹底地擾亂在我們中間和環繞我們的邪惡力量。往往帶來一種持久和重大的改變。崇拜的更新使我們真正家鄉的光芒和能力，繼續成為我們整個生命的活潑力量。「聽和做」在崇拜的氣氛是最清楚、最明顯和想像得到的最自然事物。[38]

在他透徹和深邃的書*The Divine Conspiracy*（《神聖的協作》）中，韋勒用一件事例說明這四項——獨處和寧靜、研究和崇拜——作為學像基督課程的基本操練。

藉著聖經與禱告經驗基督

蓋恩夫人生於法國，並公認為教會歷史上最有影響力的基督徒作家之一。她深受稱讚的書《更深經歷耶穌基督》，被稱為教會歷史上最有影響力的書籍之一。它的簡樸和清晰相當有力。它的視野延伸廣闊。很少有關屬靈生命和禱告的書，用如此純真的能力講述，並有這樣奇妙力量，推動屬靈操練。貴格會（Quakers）、親岑多夫（Zinzendorf）、莫拉維亞弟兄會（Moravians）等運動，以及約翰衛斯理（John Wesley）和倪柝聲等宗教領袖，都是深受她的思想和觀點塑造的人物。她的作品「對著名基督徒的生命的影響，或許比過去三百年間任何作品還要多。」[39]

蓋恩夫人宣告一項先知的信息，就是在一個教會嚴重地受到政治和教會權力結構影響的時代，我們必須回歸與上帝的親密。因為人們明白正確的教義，他們就假設自己在上帝面前已有正確的地位。正如愛德華茲（J. Edwards）大膽地批評，教會在蓋恩夫人的日子與現今的日子一樣，教會的領導經常是「喜愛恩賜，卻完全不認識賜予恩賜的那一位。」[40]蓋恩夫人的先知式言語，是向教會發出的呼喚，要教會回歸與賜予者的關係，一種她認為會帶來顯著的社會和政治轉化的悔改。禱告會改變社會！禱告會帶來醫治！禱告會恢復教會的健康！

蓋恩夫人教導我們達到與主親密的兩種方法。她稱這兩種方法為「以經文禱告」（praying the scripture）和「凝視上主」（beholding the Lord）。今天我們極度需要學習「以經文禱告」的操練，它比任何技巧或屬靈練習都更重要。她用最單純的話講出：

> 你應該這樣開始。
>
> 翻開聖經；選擇一段簡單和相當實用的經文。然後，來到主面前。安靜和謙卑地前來。那裏，在祂面前，閱讀一小段你已經打開的經文。
>
> 當你閱讀時要留心。把你所閱讀的完全、溫柔和小心地接受。當你閱讀時，品嚐它，消化它。
>
> 在過去，你可能已養成習慣，在閱讀時很快從一節經文移至另一節，直至你讀完整段經文。或許你在努力找出全段的主旨。
>
> 但藉著「以經文禱告」來到主面前，你不是要讀得快；你要讀得很慢。你不要從一段移至另一段，除非你感受到你所讀的經文的真正精髓。

> 你或許希望將那段觸動你的經文，轉化為你的禱告。[41]

對蓋恩夫人來說，「凝視上主」的意思是一段「等候上主」的時間。

> 做這件事的方法其實相當簡單。
>
> 首先，閱讀一段經文。一旦你感受到主的臨在，你所閱讀的內容便不再重要。經文已經完成它的目的；它已安靜了你的心思；它已帶領你到上帝面前。
>
> 你開始撥出一段時間與主同在。當你真的來到祂面前，要靜靜地來。把你的心轉向上帝的臨在。這怎樣做到？這也是相當簡單的。你憑著信心轉向祂。憑著信心，你相信已進入上帝的臨在中。
>
> 接著，當你在主面前，開始閱讀同一段的經文。
>
> 當你閱讀時，停頓。
>
> 那停頓必須是相當溫柔的。你停頓，讓自己可以把心思安置在聖靈裏。你已將心思安置在裏面——在基督裏。[42]

給師傅的進一步反省

1. 你可以從依納爵和蓋恩夫人的作品中，得出甚麼基本的「啟動」問題、方法或操練？
2. 在帶領別人更深入地效法基督時，你可以怎樣進行？
3. 在你自己的生命中，曾否經驗任何這些屬靈操練？哪一種對你個人最有幫助？為甚麼？

給徒弟的進一步反省

富拿（James Fowler）提供幾個附加問題，可以幫助我們注意現實。

你為甚麼而付出和耗盡呢？

甚麼配得和接受你付上最好的時間和精力呢？

你為了甚麼目標、夢想或事業傾出你的生命呢？

當你活出自己的生命時，甚麼權力或掌權的令你害怕或恐懼呢？

你倚賴和信靠甚麼掌權的？

為你的生命和為你所愛的人的生命，你與誰或與甚麼團體分享你最神聖或私人的盼望？

在你的生命中，甚麼是最神聖和迫切的盼望和目標呢？[43]

註釋：

1. Thomas R. Kelly, *A Testament of Devotion* (San Francisco: Harper, 1969), p. 93.
2. J. Robert Clinton, *The Mentor Handbook* (Altadena, Calif.: Barnabas, 1991), p. 18 of chapter 2.
3. Ignatius of Loyola, *The Spiritual Exercises and Selected Works,* ed. George E. Ganss (New York: Paulist, 1991), p. 10.
4. 同上書，頁 40。
5. 同上書，頁 49。
6. 同上書，頁 50 ~ 51。
7. Kenneth Leech, *Soul Friend: An Invitation to Spiritual Direction* (San Francisco: Harper, 1977), p. 149.
8. Ignatius of Loyola, *The Spiritual Exercises of St. Ignatius,* trans. Louis J. Puhl (Chicago: Loyola University Press, 1951), p. 1.
9. 同上書，頁 78。

10. 同上書，頁 69。
11. 同上書，頁 82。
12. 同上書，頁 90。
13. 同上書，頁 103。
14. 同上書，頁 102。
15. Leech, *Soul Friend*, p. 59.
16. *The Collected Works of St. John of the Cross,* ed. Kieran Kavanaugh and Otilio Rodriguez (Washington, D. C.: Institute of Carmelite Studies, 1979), p. 63.
17. Leech, *Soul Friend*, p. 149.
18. Ignatius, *Spiritual Exercises,* ed. Puhl, p. 142.
19. 同上書。
20. 同上書，頁 143。
21. 同上書，頁 15。
22. Leech, *Soul Friend,* p. 149.
23. Ignatius, *Spiritual Exercises and Selected Works,* ed. Ganss, p. 177.
24. 同上書，頁 54。
25. 同上書，頁 25。
26. 同上書，頁 29。
27. 同上書。
28. 同上書，頁 175 ～ 187。
29. Daniel Taylor, *The Healing Power of Stories* (New York: Doubleday, 1996), p. 21.
30. Ignatius, *Spiritual Exercises,* ed. Puhl, p. 15.
31. Joseph Allen, *Inner Way: Toward a Rebirth of Eastern Christian Spiritual Direction* (Grand Rapids, Mich.: Eerdmans, 1994), p. 109.
32. Thomas Groome, *Educating for Life: A Spiritual Vision for Every Teacher and Parent* (Allen, Tex.: Thomas More, 1998), p. 165.
33. Wendy Miller, *Learning to Listen* (Nashville, Tenn.: Upper Room, 1993), p. 33.
34. Julian of Norwich, *Showings,* ed. Edmund Colledge and James Walsh (New York: Paulist, 1978), pp. 152 ～ 153.
35. Dallas Willard, *The Divine Conspiracy: Rediscovering Our Hidden Life in God* (San Francisco: HarperSanFrancisco, 1998), pp. 357 ～ 358.
36. 同上書。
37. 同上書，頁 361。
38. 同上書，頁 363。
39. Jeanne Guyon, *Experiencing the Depths of Jesus Christ,* ed. Gene Edwards (Beaumont, Tex.: Seed Sowers, 1975), pp. 145 ～ 146.

40. 同上書，頁 150。
41. 同上書，頁 7～8。
42. 同上書，頁 9～10。
43. James Fowler, *Stages of Faith* (San Francisco: Harper & Row, 1981), p. 30.

第七章 屬靈導引的目標——加力

為自己的獨一無二而喜樂，

享受自己作為上帝的那點傑作的人，是極之罕有的。[1]

哥頓・克羅斯比（Gordon Cosby）

Augustine
Teresa of Ávila
Julian of Norwich
John of the Cross
Ignatius of Loyola
Jeanne Guyon

一個在十九個月大的時候就變成又聾又瞎的婦人，發現自己聲音的事迹，成了最有推動力的故事之一；她的名字是海倫·凱勒（Helen Keller）。她的老師是安妮·蘇利雲（Anne M. Sullivan），畢業於波士頓的柏健士盲人學院。她拒絕相信當時流行的智慧，就是認為像海倫這樣的人斷不能接受教育。安妮開始著手盡自己所能教導海倫。安妮教導她盲人點字法，讓海倫能夠學習讀和寫。藉著讓海倫用指頭聆聽，她教導海倫説話。她把海倫的手指按在自己的喉嚨，讓海倫能夠聆聽震動，最終幫助海倫重新發現自己的聲音。

在這動人的故事中，為一個大多數人認為不能説話、不能接受教育，以致沒有價值的人，建立達至加力和發聲的關係，是屬靈導引過程最好不過的描述。作為師傅，安妮幫助海倫的方法，是藉著建立一種信任的關係，並花上必需的時間，讓海倫釋放自己的聲音，表達她裏面的一切。作為徒弟，海倫懷著一顆受教的靈，一種飢渴和聰穎的心思、好奇和準備好學習所有她能夠學習的。她們一起創造了教與學的操練，發明了課程和教學法。結果是驚人的：海倫重新發現她的聲音！

在本章，我們集中在留心上帝已經臨在的行動，對屬靈導引的效果。我們稱之為發現一個人獨一無二的聲音。在屬靈導引的背境下談論目標，造成一個為可量度結果訂立計劃的潛在危險。事實上，談論目標或加力似乎可能與我們至此的討論有矛盾。然而，負責任的師傅必須考慮以下問題：「我怎知道我的徒弟是否得到屬靈上的導引呢？」或許明顯的答案是生命的改變——若更具體一點，就是明白終極身分與終極目標之間的關係的生命改變。釋放心靈來歌唱的過程，是因著與上帝親密，並明白一個人的終極身分是上帝所愛的兒女，這樣容讓上帝在我們中間作王的具體工作中，表達一個人獨一無二的聲音。

我們確信上帝已在每個人裏面，為事奉放置一把獨一無二的聲音。透過導引我們得到幫助，聆聽上帝的歌，讓我們可以用每個人獨一無二的方式唱出那首歌。當我們聆聽在上帝心中唱出的音樂時，在我們裏面的音樂得以發聲。我們的聲音會用我們獨有的言語、音色、重音、音質和音調來歌唱。我們的聲音會從我們獨有的歷史、姿勢和觀點來歌唱。正如人們是按上帝的形像受造——上帝藉著説出祂的命令創造——我們反映那形像或者回應那聲音，都是透過個人地表達我們自己的聲音。我們相信聲音的比喻不單只是隱喻；它是一種加力的方法，釋放上帝已經培植在所有人身上的潛質。安妮·迪納（Anne Dillard）説：「你為此受造並安置於此，為你自己的驚訝發聲。」[2]

健康的師徒關係，應該幫助你對上帝已唱進你生命中的歌發聲，釋放在你的歷史中沉睡或囚禁的歌聲。你應該能夠用自己的聲音、以自己的方式唱出那首歌，為聽見上帝向你歌唱的驚訝作出喜樂的回應。透過屬靈導引，你會自由和精力充沛地在事奉中運用上帝賜予的恩典，這事奉同樣是上帝賜予的。你會發現裏面的聲音，並讓它響起來！

保羅的書信談及屬靈恩賜的至高民主精神（sovereign

democracy)。

聖靈顯在各人身上，是叫人得益處。(林前十二7)

我們各人蒙恩，都是照基督所量給各人的恩賜。(弗四7)

你的歌可能是一首喜樂的歌，但同樣可以是一首哀歌。它可能是一首和平之歌，但也可輕易成為一首先知式挑戰邪惡奴役制度的歌。你的聲音會反映你自己的生命和經驗的神聖歷史。

教會有時忘記了信仰是用個別生命的神聖經驗敍述的。作為一個活在第一世紀巴勒斯坦鄉村，在政治上受壓迫、經濟上被邊緣化、社會上被隔離的閃族人，耶穌用祂生命的神聖歷史，體現上帝的歌。祂的歌聲有祂猶太文化的口音。祂的歌聲有祂在加利利鄉村和以色列北部小城的經驗的口音。當祂為上帝放置在祂身上的故事發聲時，不是所有人都歡迎它的信息，不是所有人都相信祂用故事表達的真理，有些人最終採取行動，藉著將祂釘十架殺死祂，使祂不再發聲。

我們的聲音所講的故事，可能與喜歡製造出陳腐的叮噹聲，調動我們到更加嘈吵的購物商場的文化抗衡。因為長期以來，教會的聲音只是這些陳腐聲音的強烈回響；而不是對我們創造主的聲音的強烈回響。詩篇十二篇1至2節呼喊：

耶和華阿，求你幫助，因虔誠人斷絕了；
世人中間的忠信人沒有了。

人人向鄰舍說謊；他們說話，
是嘴唇油滑，心口不一。

健康的兒童用不著別人教導他們說出自己心裏面所想；他們天生對自己發現的新世界，會用好奇的驚訝來回應。是成人不幸的陰謀和痛苦的經驗使小孩窒息。詩篇三十八篇12至14節評說：

那尋索我命的，設下網羅；
那想要害我的，口出惡言，
終日思想詭計。
但我如聾子不聽，
像啞巴不開口。
我如不聽見的人，
口中沒有回話。

詩人寧願我們為自己的驚訝發聲。

我要歌唱耶和華的慈愛，直到永遠；
我要用口將你的信實傳與萬代。
因我曾說：你的慈悲，必建立到永遠；
你的信實，必堅立在天上。(詩八十九1～2)

稱謝耶和華！歌頌你至高者的名！
用十弦的樂器和瑟，用琴彈幽雅的聲音，
早晨傳揚你的慈愛；每夜傳揚你的信實。
這本為美事。

因你耶和華藉著你的作為叫我高興，
我要因你手的工作歡呼。(詩九十二1～4)

你們要向耶和華唱新歌！
全地都要向耶和華歌唱！
要向耶和華歌唱，稱頌他的名！
天天傳揚他的救恩！
在列邦中述說他的榮耀！
在萬民中述說他的奇事！(詩九十六1～3)

一個平凡的生命充滿著自己的音符、節奏和主題。當聲音有意義和產生喜悅時，就有甜美的旋律；當生命的音樂與我們的心靈產生衝突時，就有粗糙不協調與不和諧的刺耳聲音。也有失聰的時刻，我們完全聽不見自己音樂的音符，並懷疑我們能否再聽到。任何人都可以好像所有兒童一樣，即時、自由和富想像力地創作音樂；但我們若要好像成人一樣創作心靈的偉大交響樂，就必需操練。

上帝已在你裏面放置一首歌曲，等待著釋放出來。正如音樂愛好者期待受歡迎的藝術家推出新歌，因此你的生命也渴求釋放你的心靈之歌。屬靈師傅可以幫你聽見裏面創作的音樂，加力給你，令你聽見和明辨它的主題，直至你最終用自己的聲音唱出那首歌。畢德生和應我們自己有獨一無二的聲音這個觀念：

在信仰的生命中有些很不同的事情發生：每個人都發現一個獨一無二和原創的歷險的所有元

> 素。我們被禁止跟從別人的足迹，並蒙呼召與基督建立一個無與倫比的連繫。聖經清楚表明，每次有信仰的故事時，那都完全是原創的。上帝的創造天才是無止境的。祂永不疲乏，以致不能保持創造的活力；永不會大量生產複製品。每個生命都是一幅新的畫布，所用的線條和顏色，光線的層次，紋理和比例，是祂從來都未用過的。[3]

開向世界的一扇窗

許多古典作家都是教導心靈歌唱的卓越選擇。我們第一個選擇是來自英倫的屬靈師傅，諾域治的茱利安。

對茱利安早年的生活，我們所知不多，只知道她是一位女隱修士，住在卡努的聖茱利安（Saint Julian）和聖愛德華（Saint Edward）教會內的修道式密室中。作為一位女隱修士，她受限於密室內，她在那裏花大部分日子獨自禱告和作工。她對基督國度的重大貢獻之一，是她了解上帝無限的愛。作為一位年輕婦女，她禱告上帝賜給她對耶穌的受難，有更深刻更沉重的感覺。直至三十歲時，她的祈禱才得到應允。當她面對耶穌的異象時，幾乎病得要死，在一天半的時期，耶穌向她說話。她記下得啟示的日子是一三七三年五月十三日，有她的母親和教區教士在場。她的作品描述她領受的異象。

在經歷黑死病、百年戰爭的蹂躪和重大的教皇分裂時期，茱利安的生命是值得跟從的典範。在歷史這段黑暗時期，許多人都渴望仿效她的信心。英國的神祕主義者瑪嘉莉·甘比（Margery Kempe），經常拜訪茱利安，尋求屬靈導引。她的作品給我們提供有關茱利安生平的零碎資料。

隱修室是連接到教堂聖所的密室。茱利安的密室的建築構造，為加力發聲的動力提供隱喻式的洞見。密室環繞聖所，每一個密室都有兩扇窗戶。一扇朝向聖所裏面；另一扇則向外，朝向教會外的世界。

這個設計有許多隱喻式的含意。雖然茱利安在她的隱修室委身於發展內在生命，但為了福音的緣故，她也向外面的世界開放。當她集中並委身發展自己的心靈時，打開通向世界的窗戶。這是一幅奇妙的圖畫，禱告、默想和敬虔的內在生活，與教導、服事和愛別人的外在世界並列一起。在她的密室內，她把向內的窗戶打開，向崇拜和禱告的內在生活開放。透過向外的窗戶，她為那些尋求她的牧養智慧的人，發展出一種屬靈引導和明辨的事奉，她也因此聞名於十四世紀。

我們總是需要思想內在旅程，因為它影響我們靈性的外在旅程；我們也需要並思考外在旅程，因為事實上，外在旅程會塑造內在旅程的實踐。我們需要經常就自己向著外面世界事奉的窗戶提出問題。我們怎樣藉著禱告、默想與靈修的內在生活，得到滋養、裝備和加力？上帝為了事奉和服事，打開了甚麼窗戶呢？若我們所住的密室只有牆，沒有開向世界的窗戶，我們可以怎樣忠於愛我們的上帝，在社會中發出我們的聲音呢？

在一三七三年，茱利安幾乎死去，一位教士被傳召為她執行臨終禮儀。教士要求她集中注意他握在她面前的十架苦像，並特別聚焦在主的面容上。那時，她領受了上帝親密的愛的十六次傾倒或啟示。

那事件之前幾年，她曾祈求上帝在她三十歲時，給她一場病患，「對她和所有其他人來說，似乎是致命的，並賜她三個傷口，就是真正的痛悔、充滿愛的憐憫和渴慕上帝的旨意。」[4]她盼望透過一些嚴重的身體疾病，令她的信心接受考驗和堅固，藉以明白基督的受苦。她祈求表達上帝的恩典，三個傷口——她認為是痛悔、憐憫和渴慕上帝。在一三七三年五月，她得到她祈求的一切。[5]

茱利安是一位歷史上的典範，她的事奉出於對屬靈權柄的感覺和對生命的驚訝感覺。在婦女缺少機會領導的日子，茱利安起了作為典範的帶頭作用，表達她獨一無二的聲音，不受專職支配的影響。韋伯（Weber）為茱利安和其他有影響力的模範女修道者的帶領作用，下了一個有價值的評語。

> 女修道者（例如茱利安）組織和管理她們自己的團體，她們在那裏禱告、工作、學習和教導；而且女隱修士可以影響隱修院圍牆以外的人。有些婦女因而成了有成就的聖經學者和神學家，若她們追求更平常的生活方式，就永不會有這些事情發生。另一些人因她們的靈性而聞名，成了主教和教宗的顧問，和男女的屬靈導師……這些婦女在沒有官方地位或建制影響力的情況下，以敬虔和屬靈能力作補償。[6]

在男性世界中的婦女聲音

中世紀的女修道者對教會有巨大的影響。在有時被誤解為屬於男性的世界中，很多人，包括男性和女性，都向好像茱利安這樣的女修道者尋求屬靈洞見和引導。從十二世紀開始，婦女的聲音在教導的角色中被聽見，這些婦女包括：被稱為先知的平根的喜德格（Hildegard of Bingen）、馬德堡的麥基蒂（Mechtild of Magdeburg）、赫真本的麥基蒂（Mechtild of Hackeborn）、真諾亞的凱塞琳（Catherine of Genoa）、錫耶納的凱塞琳及阿維拉的大德蘭。

茱利安著名的作品《神愛的啟示》（*Revelations of Divine Love*），影響了教會對上帝愛的親密的理解。雖然她是一位神祕主義者、默觀者和隱修士，她的作品談論神學的理性主題，例如：創造、道成肉身、恩典、罪、教會，耶穌的死亡和復活。她明顯受過良好教育，至少也飽覽西方教會的經典靈修作品，正如上述的許多婦女一樣。錫耶納的凱塞琳和瑞典的布麗奇特（Bridget of Sweden）都參與政治生活，阿維拉的大德蘭寫有關憲法的著作，利治的茱利安娜（Juliana of Liege）在禮儀發展上有影響力。這些婦女在男性世界中不是經常獲准發聲，但她們透過與上帝的親密得以發聲。

茱利安用幾段重要的話，說明留心上帝臨在每件事物的靈性：

> 在此祂向我指示一件細小，不比榛子大的東西，放在我的掌心，我察覺它好像任何球體一樣圓。我注視它並思想：這可以是甚麼？我得到這個一般的答案：它是每樣受造物。我驚訝於它能夠持續，因為我以為它是那麼細小，隨時可能消失。在我的理解中我得到回答：它持續，而且永遠會持續下去，因為上帝愛它；因此一切都透過上帝的愛而存在。[7]

後來她說：「藉著這個異象，我看見祂臨在於萬事萬物。」[8]

> 耶穌在我們心靈中佔據的地方，是祂決不會再讓出的，因為在我們裏面是祂的上好之家（home of homes），住在那裏是祂最大的喜悅。這是一個賞心悅目和恬靜的景象，因為實在永遠都是這樣；我們在這裏時默觀這件事，是最能夠討上帝喜悅的，對我們也最有益。因此這樣默觀的心靈是照祂這位默觀者的樣式創造的，並在休息和平安中與祂聯合。當我看見祂坐著時，我格外感到喜樂和幸福，因為默觀這樣的安坐，向我顯示祂肯定永遠都住在我們裏面；我也知道，祂以前確實已經向我啟示一切。[9]
>
> 上帝想我們留意祂的話語，並經常在我們的肯定、在幸福和在悲哀中堅強，因為祂愛我們，因我們而喜樂，並且祂希望我們愛祂，因祂而喜樂，大大的信靠祂，這樣，一切都會是美好的。[10]

諾域治的茱利安可以作為一個引人注目的例子，說明怎樣敬虔地追求與上帝的親密關係，師傅怎樣協助別人達到同樣的深度關係。她明白賜給她的異象，不是給她屬靈的特權，讓她成為修道院的精英，而是作為給所有人的蒙福教導。她不相信自己擁有的經驗，跟上帝渴望賜給每個人的有甚麼不同。她認為她對上帝的經驗，不是因為她有價值或特別而賜給她。上帝對所有人都有同樣的愛。

> 我談及的所有關於自己的話，我都希望應用

> 到所有基督徒夥伴之中，因為我得到教導，那是上主在這屬靈啟示上的旨意……我不是因為這些啟示而是良善的，但願我更好地愛上帝；如果你更好地愛上帝，你會比我得到更多。我不是對那些有智慧的人説這話，因為他們很清楚知道。但我告訴你們這些單純的人，給你們安慰和力量；因為我們都在愛中合一，因為我實在沒有得到啟示，表示上帝愛我過於愛那些在恩典中最謙卑的心靈。[11]
>
> 上帝的旨意是叫我們從祂領受三件事，作為我們尋求的禮物。第一是我們樂意和勤奮地尋求，不躲懶，正如祂的恩典那樣，歡喜和快樂地，沒有不合理的情緒低落和無用的傷痛。第二是我們堅定不移地等候祂，出於愛祂，沒有怨言和與祂競爭，直至我們生命的終結，因為那只會持續一段時間。第三是我們大大的信靠祂，出於完全和真實的信心，因為祂的旨意是叫我們知道，祂會對一切祂所愛的人，突然和帶來愉快地顯現。[12]

在運用拉丁文《武加大》聖經譯本（Vulgate）時，她以巧妙和深度的才能寫作，表達她的聲音。閱讀她的《神愛的啟示》是一次神祕主義和神學的經驗，在一位巧妙的作家的手中融合起來。她只是用自己經驗上帝的札記開始：

> 這是一個藉著上帝的良善向一個敬虔的婦人顯示的異象，她的名字是茱利安，她是諾域治的一位隱修士，在公元一四一三年仍然生存。異象中充滿安慰

的話，大大感動所有渴望成為基督的愛人的人。[13]

她講述自己的靈修生活，和她的禱告、默觀和細心思想聖經的模式。她的描述充滿圖畫，在視覺上不易忘懷，尤其是當她描述基督流血的身體，榮耀和得到高舉，卻仍留在十字架上。她不單是簡單，或甚至深度地描述她個人的經驗，而是在她的作品中細心和深思地編織基督教神學的基礎。她尤其有興趣深思三位一體的角色、人的罪性和救贖。她的作品明顯引用了經院神學家湯瑪斯·亞奎那（Thomas Aquinas）的思想和喬叟（Geoffrey Chaucer）的作品。

她是個了不起的福音教師，因為她主要關心的是上帝、整個人類以及上帝和墮落、有罪的人類復和。一切事物都是透過僕人基督的人性過濾，祂是道成肉身的那位，祂的死亡與復活帶來救贖與復和。她以父、子與聖靈的三位一體來思考上帝，但也發出自己的聲音，強調上帝有母親形像。她提醒我們以賽亞書六十六章13節說，上帝會「好像母親安慰兒女」一樣安慰以色列。她引述耶穌用母性語言描述上帝，形容上帝好像母雞願意將小雞聚集在自己的翅膀底下（譯者按：太二十三37）。她不是渴望把上帝製造成只有女性形像，而是喚起一個更全面發展的三一神學。上帝賜予我們生命，並滋養生命；上帝透過慈悲和溫柔使我們成長。對茱利安來說，上帝的母性不是與上帝的父性對立，而是一種補充或使神學的真理變得圓滿。

因此我看見上帝因為祂是我們的父親而歡喜，上帝也因為祂是我們的母親而歡喜；上帝因為祂

> 是我們真正的配偶，我們的心靈是祂所愛的妻子而歡喜。基督因為祂是我們的兄弟而歡喜，耶穌因為祂是我們的救主而歡喜。[14]

她用一段出眾的三一頌結束她的書，盼望這書只落在那些「渴望成為上帝忠心的愛人」的人手中。她說，他們對聖教會，對聖經的教導和對耶穌的心都是真誠的。耶穌是「我們的真愛、光與真理，祂會向所有純潔的心靈顯明這智慧，他們謙和及堅忍地向祂祈求這智慧。」[15]她敢於相信它是從耶穌而來，「為你和我們得到永遠的幸福，作安全的指引和引導。」[16]她的雙眼張開，並為她的異象發聲。在中世紀其中一段最奇妙的文字中，茱利安向我們指示與上帝親密的道路，以及作為上帝所愛的兒女這個真正身分。她的聲音用神學的精確和敬虔的熱情說話。因為我們對她的生平幾乎一無所知，我們不知道她為國度的緣故，還以甚麼其他方式用她的窗戶朝向世界。對很多人來說，她是教師、神學家和師傅，已經是很大的貢獻。

茱利安為屬靈導引的工作的目標，提供了一個了不起的榜樣──加力給徒弟，讓徒弟發現上帝已安放在他們裏面的聲音。同樣，在一個世紀後的西班牙，大德蘭與上帝的親密友誼引領她發出堅強的聲音，在改革的詞彙中找到力量。綠蒂（J. Mary Luti）說：「隨著大德蘭與上帝的友誼變得成熟，她的世界看起來和感覺起來都變得不同。她注意到事物變得歪斜，並開始就她對上帝的經驗，和其他人宣稱為上帝的本質和計劃之間顯出的差異，有很多話說。」[17]

阿維拉的大德蘭開始時建立一所只有十三名婦女的女

修院，後來卻產生了橫跨整個西班牙的狂熱！她不單在聖約瑟的小屋中安然度過迫害，更在死前建立另外十七間修院。在那數百封寫給所有權勢人士的信中，她的聲音顯得最動人。這些人包括君王、教宗、商人、主教、宗教高層、貴族和婦女，以及家人和朋友。她曾不屑地提及那些反對她改革的人，描述他們「因為一個**無用的小女子**竟敢違背他們的意願，創立一間修道院而大感驚訝。」[18]

大德蘭在靈性生命中有實際的洞見。她經常警告人們，不要滿足於狂喜和神祕的異象帶來的喜悅，因為完美在於遵從上帝旨意。[19]她總是尋求融合禱告生活與順服生活，作為朝向上帝之路。她的徒弟十架約翰說：「在晚上他們會在愛中檢查你。」[20]大德蘭總結說「重要的是不要想得太多，而要愛得多：因此，做任何能夠激發你去愛的事情。」[21]

綠蒂描述大德蘭的改革勇氣和熱心的終極源頭：

> 對她來說，禱告是勇敢、膽量和渴望的真正源頭和工具。除非一個人禱告，那就是培養與上帝深厚和持久的友誼，否則一個人不可能認識和品嚐需要在其上建立真正勇氣的實在。在禱告中，並透過禱告，自我認識和認識上帝產生輕視世界的價值，並無懼於面對它誘騙的詭計——讚美、譴責、尊重、名譽、財富、地位、驕傲的學識和其他。禱告使心靈有超乎想像的膽量：聖人的英雄式成就，他們近乎魯莽的和瘋狂的行為，對大德蘭來說，可以解釋為，只因這些男女透過禱告被上帝包圍。[22]

在大德蘭對上帝的敬虔，並她委身於活出反映上帝旨意的生命的亮光下，我們再次提醒你，徒弟生命中的終極問題：上帝是誰？我是誰？上帝想透過我獨一無二的聲音，為他的國度做甚麼？下列問題可以幫助你聚焦在你屬靈導引的目標的進展上：

- 你分辨出上帝已經賜了甚麼聲音給你？
- 在你的世界中，你有甚麼獨特的聲音和特定的事奉？
- 在你的世界中，誰幫助你找到膽量和勇敢釋放上帝賜予你的聲音呢？
- 誰阻撓你發出你的聲音呢？
- 甚麼機構、事件、團體或個人需要聽到你的聲音？是你單獨一人還是與其他人一起？
- 經過多個星期或多個月的導引，你現在相信上帝對你的聲音和生命有甚麼旨意？

在廣場

我們坐在星巴克咖啡店外面大道的廣場。這是一個城市一個繁忙的地區。我們頭上有一顆樹，桌上有一壺沸騰的咖啡，還有一本書需要完成。我們坐著，與各章節搏鬥，增加或刪除部分內容。所有歷史上的師傅都發表了他們的見解。我們知道他們的故事，和他們在屬靈導引方面的一些貢獻。

在想像中，我們看見我們的七位朋友，他們從歷史上的書頁走出來，在我們的桌旁就座。他們都來了：北非的奧古斯丁、英國瑞沃爾士的伊爾雷德、西班牙的十架約翰和阿維拉的大德蘭、以及羅耀拉的依納爵、法國的蓋恩夫人和英國諾域治的茱利安。他們問：「你們今天在做甚麼？」「我們在問問題，我們怎樣才可以知道師傅已經成長？現在我們已完成了吸引、建立信任和親密關係、藉成長的操練和練習發展關係，我們怎能知道徒弟的生命有成長呢？」我們要求這七位朋友告訴我們。以下是他們所說的話。

奧古斯丁（難道還會是其他人？）開始談話。「若你的徒弟被拉近上帝的心，你便可以說他們已經受到良好的導引。得到神聖真理的洞見是重要的，但他們需要在與上帝的關係，在作為上帝所愛的兒女這個身分上進步，並在世上為國度的責任主動採取行動。」他說：「至此，從你命令我服事的人中，我發現的不是過去的我，而是現在和將來的我。」[23]

茱利安很快就同意。「我們在這裏過的短暫生命，在耽於聲色中，不會意識到我們真正的自我，除非透過信心。當我們開始真正和清楚認識和看見我們的自我時，我們才會在完全的喜樂中，真正和清楚地看見和認識我們的主上帝。因此必然地，我們愈是接近我們的幸福，我們愈是渴慕它，藉著自然，同時也藉著恩典……因此藉著自然和恩典，我們全心全力渴慕和渴望認識自己，也是正當的。因為在這完全的認識中，我們才會在完全無盡的喜樂中，真正和清楚地認識我們的上帝。」[24]

上帝是誰？與上帝親密是我們談話的出發點，也是評估給徒弟加力的出發點。他們在哪方面與上帝更親密呢？

依納爵藉著指出在我們的屬靈旅程上，我們發展一種對自己的黑暗面和對自己最好一面的了解，帶領我們更進一步。「在這些屬靈操練中，一個人更深入地了解真實和自己的罪的邪惡，是他不這樣集中於內在的關懷時不可能達到的。」[25]他補充說，自我認識不單是為了我們本身的自我意識，而是為了服事。一個人在學效基督，學習為了上帝的榮耀、為了服事上帝而捨棄自己是甚麼意思時，發現自己的終極身分「我需要為自己領受的所有偉大的善祈求內在的知識，為的是激起深深的謝意，使我可以在所有事上愛和服事神聖的君王。」[26]

蓋恩夫人高聲說：「事實上，我們討論的正是導致初期教會失去其生命和美麗的事情。就是失去與基督深度、內在、靈性的關係。若這些內在關係得以恢復的話，教會可以很快復原！」[27]

沉靜的大德蘭充滿興味地觀看，並平靜地說：「這位主卻強烈地渴望我們愛祂和尋求祂的友情，祂甚至時時刻刻呼召我們接近祂。祂的聲音是那麼甜美，以至貧窮的心靈因為沒有即時實行祂的命令而消散。」[28]「按我的意見，若我們不努力認識上帝，我們永不會完全認識自己。藉著凝視祂的莊嚴，我們得以接觸自己的卑微；藉著注視祂的純潔，我們會看見自己的污穢，藉著詳細思考祂的謙卑，我們會看見自己離開謙卑有多遠。」[29]

蓋恩夫人要求講話，她說：「當你應付外在的事物，你真正所做的是驅使你的心更向外遠離你的靈。你的靈愈是集中在這些外在事物，他就愈是遠離他的中心和安息之所！這種自我捨棄的結果正與你所追求的剛剛相反。不幸的是，當信徒的生命只活在表層上時，這些事總是發生在他身上。」[30]

「那麼你需要甚麼？」她沉思。「你所需要做的，是在給予上帝最高的專注上保持堅定不移。祂會完美地做所有事情。事實上，不是每個人都能夠嚴守外在的自我捨棄，但每個人都能夠轉向裏面，並完全地將自己交給上帝。」[31]

我是誰？作為上帝所愛的兒女這個終極身分，是他們都指出的第二個答案。自我認識最終是認識上帝。與上帝親密加深我們對自己是上帝所愛兒女這個身分的認識。當我們學會透過上帝用愛的接納眼光看自己時，我們便向自己死，並發現一個自我的新深度。

大德蘭強調：她想我們知道上帝歡喜的正是我們的心靈。對大德蘭來說，一個人的身分首先是由上帝定義、由上帝賜予、由上帝塑造；其次是透過關係和天職得到塑造。十架約翰提醒我們，我們必須離開熟悉、我們已經認識的自我的安全，為要發現我們心靈深處的真正自我。與上帝親密為人加力，讓他們認識自己是上帝所愛的兒女這個終極身分。

他們所有人都似乎同意蓋恩夫人的一個觀點，就是生命是為了喜樂。「我們的終極目標是享受上帝……在這生命中。享受上帝！這正是我們受造的目標……服事上帝就是統治。」[32]茱利安微笑說：「用信心、盼望和慈愛尋求，使我們的主喜悅；那發現使心靈喜悅，並以喜悅滿足祂。」[33]她意猶未盡地說：「我們的主因為我們的禱告而充滿歡笑和快樂。因為，祂的恩典使我們的形狀與樣式都像祂；這是祂賜福的旨意。」[34]請繼續聆聽，她說：「因為祂喜歡在我們的理性中幸福地統治，並恬靜地在我們的心靈中坐席，並無止境地住在我們的心靈中，使我們都進入祂裏面。祂的旨意是使我們成為祂的助手，給予祂我們所有的心思；學習祂的律法，持守祂的勸告，渴望祂所做的都能完成，真誠地信靠祂。因為我實在看見我們的本體是在上帝裏面。」[35]

約翰在桌子另一邊安靜地聆聽，插話說：「上帝用這樣的方式向這罪人傳達三位一體的奧祕，若君尊的主不用特殊的幫助堅固我的軟弱，我將不可能活著。」[36]依納爵總是警覺地尋找方法教導其他人，他說：「人類受造是為了讚美、尊崇和服事上帝我們的主，並藉此拯救自己的靈魂。」[37]

我們打斷他們，提出一些問題：「你們的話聽起來好像是說，成熟信徒的生命是被動或熱中於崇拜和讚美的神祕行動。我們靈命塑造的目標，是否就是經驗與基督神祕的聯合呢？」

依納爵很快地回答：「愛必須用行為過於用言語表達出來。」[38]在默觀期間，他要求徒弟想一想，「我為基督做了甚麼？我現在正為基督做甚麼？我應該為基督做甚麼？」[39]他甚至更具體地表達他的觀點：「愛蘊含在互相分享美善，例如：愛人為他所愛的人付出和分享他所擁有的，或一些他有或能夠給予的東西；反之亦然，蒙愛的人也與愛人分享。」[40]

大德蘭是與基督神祕地聯合的醫生，她看著其他人，點頭表示同意。「大德蘭提出一個最後的要求，就是愛不是閒懶的。一個人那麼與君尊的主親密，必定要在美德的操練上用特別的小心和專注行走，並特別重視愛鄰舍、謙卑（渴望最後才得到照顧）和在平凡的任務上忠心。」[41]與耶穌聯合的結果是善行。「因此，雖然我們的工作微小，但因著我們對主的愛，微小的工作也有巨大的價值。」[42]她的確信明顯是，當一個人與上帝的親密關係得到提升，結果是帶來一個由聖靈引導、由聖靈加力、由聖靈引領、服事人的生命。

依納爵興奮地說：「思考整個世界的上主怎樣揀選那麼多人、使徒、門徒，諸如此類。祂如何差派他們遍及全世界，在不同國家和階層的人中間傳揚祂的教義。」[43]

伊爾雷德說：「一個人在能力範圍以內，無論用甚麼方法，他都應該抬舉軟弱的，支持虛弱的，安慰受苦的，克制憤怒的。而且，他應該尊重朋友的眼睛，以致敢於不做任何不尊敬的事，也敢於不說任何不合宜的事。」[44]

大德蘭在沉思。「我的女兒，讓我們明白，真正的完全包含在愛上帝與愛鄰舍中；我們愈是完全地持守這兩條誡命，我們就愈是完全。」[45]

我要用我的生命做甚麼？為我們的朋友，成為獨一無二的聲音，成為為國度負上責任的隱喻。因為我行在與上帝的親密中，並認識自己是上帝所愛的，我發現自己得到加力，得到聲音、天職、呼召、為國度的緣故活出並給予別人的生命。

茱利安有最後的話要說，她總結了三種我們研究過的加力：與上帝親密、作為上帝所愛的兒女這個身分、為國度服事發現獨一無二的聲音。「只要我們付出我們的心思，藉著慈悲和恩典的實行，去愛和溫順，我們都會變得公平和清潔……這裏我們可以看見祂自己就是這慈愛；並祂為我們做的，正如祂教導我們為別人做的一樣。因祂的旨意是我們在完全無盡的愛中像祂——對我們自己及對其他基督徒……祂願意我們應恨惡罪本身，並像上帝一樣無盡地愛罪人的靈魂；如此我們便會像上帝一樣恨惡罪，像上帝一樣愛靈魂。」[46]

當我們快要離開時，大德蘭突然唱出一首歌：

我的上帝，
讓我歌唱你的慈悲
直到永恆，
因為你所喜悅的
是這樣慷慨地花費在我身上
令看見的人都感到驚訝，
我自己也因而感到驚奇；
並突然唱起歌來讚美你。[47]

她用另一首向上帝發出的頌歌作為總結。

上帝啊，你的善良是無限的：
我看清楚你是誰
並我是誰。
天使的喜樂啊，
當我默觀
我們之間的重大分別
我渴慕完全地燒盡——
以對你的愛……
所有生命的生命，
你不會譴責那些信靠你
並想與你成為朋友的人：
因此你維持身體的生命
並給予他健康，

伴隨著心靈的生命。[48]

給師傅的進一步反省

1.透過徒弟剛出現的聲音,你注意上帝有甚麼新的方法?

2.你怎樣主動地尋求釋放你徒弟的聲音,讓他們以上帝給予的恩賜唱出自己的音樂?

3.你怎樣挑戰徒弟在更大的公眾場所中,尋求服事、愛、給予和宣告福音的方法呢?

4.在世界的痛苦中,你怎樣作榜樣,示範委身(engagement)而不是抽離(disengagement)的生命?

給徒弟的進一步反省

1.你怎樣開始聽見自己的聲音呢?

2.你心靈的窗戶向哪個方向敞開?茱利安的形像在哪個方向感動你——向內或向外?

3.你的生命怎樣反映與上帝的親密關係?

4.你從哪裏獲得對自己身分的感覺呢?

5.你察覺甚麼是你為國度服事的獨一無二聲音?

註釋:

1. Gordon Cosby, *Handbook for Mission Groups* (Waco, Tex.: Word, 1975), p. 98.

2. Annie Dillard, *The Writing Life* (New York: Harper & Row, 1989), p. 68.

3. Eugene Peterson, *Run with the Horses* (Downers Grove, Ill.: InterVarsity Press, 1983) , p. 13.

4. Julian of Norwich, *Showings,* ed. Edmund Colledge and James Walsh (New York: Paulist, 1978), p. 27.

5. From Timothy P. Weber, ed., *The Treasury of Christian Spiritual Classics* (Nashville: Thomas Nelson, 1994), p. 331.
6. 同上書，頁 332。
7. Julian, *Showings,* p. 130.
8. 同上書，頁 137。
9. 同上書，頁 164。
10. 同上書，頁 165。
11. 同上書，頁 191。
12. 同上書，頁 196。
13. 同上書，頁 125。
14. 同上書，頁 279。
15. 同上書，頁 343。
16. 同上書。
17. J. Mary Luti, *Teresa of Ávila's Way* (Collegeville, Minn.: Liturgical, 1991), p. 148.
18. 同上書，頁 76。
19. Teresa of Ávila, *The Collected Works,* trans. Kieran Kavanaugh and Otilio Rodriguez (Washington, D. C.: Institute of Carmelite Studies, 1985), 3: 116～123.
20. John of The Cross, *The Complete Works,* ed. and trans. E. Allison Peers (London: Burns & Oates, 1953), p. 225.
21. Teresa of Ávila, *The Interior Castle,* trans. and ed. E. Alison Peers (New York: Doubleday/Image, 1989), p. 76.
22. Luti, *Teresa of Ávila's Way,* p. 77.
23. From Weber, *Treasury of Christian Classics,* p. 130.
24. 同上書，頁 383。
25. Ignatius of Loyola, *The Spiritual Exercises and Selected Works,* ed. George E. Ganss (New York: Paulist, 1991), p. 135.
26. 同上書，頁 176。
27. Jeanne Guyon, *Experiencing the Depths of Jesus Christ,* ed. Gene Edwards (Beaumont, Tex.: Seed Sowers, 1975), pp. 118～119.
28. Teresa of Ávila, *Collected Works,* 2:298.
29. 同上書， 2:292。
30. Guyon, *Experiencing the Depths,* p. 50.
31. 同上書，頁 51。
32. 同上書，頁 92。

33. From Weber, *Treasury of Christian Spiritual Classics,* p. 348.
34. 同上書，頁 378。
35. 同上書，頁 403。
36. *The Collected Works of St. John of the Cross,* ed. Kieran Kavanaugh and Otilio Rodriguez (Washington, D. C.: Institute of Carmelite Studies, 1979), p. 31.
37. Ignatius, *Spiritual Exercises,* ed. Ganss, p. 130.
38. 同上書，頁 176。
39. 同上書，頁 138。
40. Ignatius of Loyola, *The Spiritual Exercises of St. Ignatius,* trans. Louis J. Puhl (Chicago: Loyola University Press, 1951), p. 101.
41. Teresa of Ávila, *The Collected Works,* trans. Kieran Kavanaugh and Otilio Rodriguez (Washington, D. C.: Institute of Carmelite Studies, 1979), 2:274.
42. 同上書， 2:278。
43. Ignatius, *Spiritual Exercises,* ed. Ganss, p. 155.
44. Aelred of Rievaulx, *Spiritual Friendship,* trans. Mary Eugenia Laker (Kalamazoo, Mich.: Cistercian, 1977), p. 119.
45. Peers, 1980, pp. 295 ~ 296.
46. From Weber, *Treasury of Christian Classics,* pp. 376 ~ 377.
47. Teresa of Ávila, *Praying with Saint Teresa,* comp. Battistina Capalbo, trans. Paula Clifford (Grand Rapids, Mich.: Eerdmans, 1997), p. 17.
48. 同上書，頁 37。

附錄一

甘陵敦的導引類型

甘陵敦分辨出九種師徒關係的類型，並可歸為三大類別：

主動的師徒關係

1.門徒訓練者（Discipler；以跟隨基督為基礎的推動者）

- 禱告：說話與聆聽
- 話語：接收與應用
- 羣體：接納與參與
- 職事：經驗與發現
- 教義：指導性的神學觀點

2.屬靈嚮導（Spiritual guide；為決定提供負責任、指導和洞見）

- 深化信徒的靈命成熟程度
- 處理內在成長的課題
- 評估個人的靈性
- 尋求創造內在屬靈的推動力
- 屬於聖靈的工作
- 主要集中在增進與上帝的親密
- 對品格塑造是必需的
- 在信仰旅程上鼓勵前進的過程
- 為更有果效的服事生命提供觀點

3.教練（Coach；為應付任務的需要提供動力、技巧和應用）
- 引導一種以技巧為中心的關係
- 提供動力
- 傳授技巧
- 分享在特定範圍內的專長
- 把所需的技巧拆開，讓學員一點一點地學習
- 能逐漸灌輸溫和卻堅定的操練
- 集中於服從和責任上

在進行安德遜／利斯的屬靈導引模式列出的全部五項行動時，主動的師徒關係需要有規律的相互作用和周詳計劃。

偶然的師徒關係

4.輔導者（Counselor；就對自我、別人、環境和職事上的看法提供適時的建議）
- 運用勸誡的屬靈恩賜
- 在非專業或非正式的情況下出現
- 為新晉領袖提供適時的建議和觀點
- 為發展潛能提供刺激

5.教師（Teacher；提供某一特定主題的知識和理解）
- 形式可以是正式的或非正式的
- 愈是非正式，愈能夠加力
- 提供學習動機
- 集中在理論與實踐的整合上
- 區別出不同的學習風格

6. 監護人（Sponsor；在機構中提供職業指引和發展）
- 影響別人
- 在機構的處境內給予徒弟支持
- 建立資源網絡便利發展
- 提供援助讓人發展潛能
- 提供職業指引和保障
- 可以加快領袖塑造
- 配合個人和機構的發展需要

偶然的師徒關係基本上包括吸引期、回應期和加力期，而關係期和負責任期則不一定需要（Clinton1991:6.1）。

被動的師徒關係

7. 當代的模範（Contemporary model；一個激勵人仿效，活生生的個人模範）
- 一種獲取價值觀與技巧的方法
- 一種間接的學習方法
- 一種自我指導、效法範式的導引
- 一種發現命運的意義的方法

8. 歷史的模範（Historical model；過去的生命，教導人動力的原則）
- 那些「完滿終結」的典範
- 邁向聚焦式領導的行動所必不可少的
- 激勵的適時資源
- 一種間接學習技巧和價值觀的方法

9. 神聖的接觸（Divine contact；一種適時和神聖，提供指引或明辨的介入）

- 關鍵性的相遇，使生命得到戲劇性的塑造
- 資源和機會的適時網絡
- 觀點、澄清、肯定和推動的來源
- 在危機或邊緣時期的策略性聲音

被動的範疇為導引提供豐富的資源，而不必建立師徒關係（Clinton1991:2.23）。

附錄二

屬靈導引的當代定義

作者	屬靈導引的定義	獨特的觀點
巴利 (William A. Barry) 和 康來利 (William J. Connolly)	「我們定義基督教屬靈指導為一個基督徒給予另一個基督徒的幫助，使這人能夠專注於上帝與自己的個人溝通，對這位和個人溝通的上帝作出回應，在與上帝的親密中成長，並活出由這關係結出的果子。」(1983:8)	• 師傅幫助徒弟「聆聽」上帝想對徒弟說的話 • 徒弟回應上帝 • 徒弟在與上帝的親密中成長 • 徒弟有責任活出促進成長的命令
金姆絲 (Marie Coombs) 和 連馬克 (Francis Nemeck)	「屬靈指導就是關乎明辨上帝在受導者身上的淨化影響，顯明在和藉著他／她的思想、感覺、渴望、熱望、活動和關係……指導者和受導者一同聆聽上帝，明辨在受導者身上他的影響，並他指示的淨化方向。」(1984:66)	• 師傅與徒弟明辨上帝在徒弟生命中的影響 • 影響徒弟生命不同範疇的進路 • 師傅與徒弟一同「聆聽」上帝的作為 • 上帝在靈性上指導徒弟

愛德華茲 **(Tilden Edwards)**	「靈友就是受傷心靈的醫生。當有人傷口流著血而來時，醫生怎樣做?三件事:他們清洗傷患、包紮纏裹、給予休息。就是這樣。醫生不醫治。他們提供環境讓主導的自然醫治過程自動產生果效。醫生其實是接生者，而不是醫治者。」(1980:125)	• 師徒關係的親密有助成長 • 師傅提供環境讓清洗得以發生 • 師傅創造一種內在生命的醒覺 • 師傅給予建議，促進上帝在徒弟生命中的作為 • 上帝才是惟一的醫治者
傅士德 **(Richard J. Foster)**	「屬靈導師的目的是甚麼?……他的指導是簡單清楚地引領我們到我們真正的導師那裏。他是上帝用來引向聖靈內在教導之道的方法。」(1988:185)	• 引領徒弟經驗上帝的過程 • 師傅提供環境讓人發現聖靈在內裏的運行
根德 **(Margaret Guenther)**	屬靈指導是「在人類存在的日常生活中，看到上帝在我們裏面及我們中間的奇妙作為，……它高舉絕對責任的要求和絕對寬恕的應許。」(1992:xiii)	• 看到上帝在徒弟生命中的內在作為的方法 • 實現寬恕的過程 • 要求盡責的進程

鍾斯 **(Alan W. Jones)**	「屬靈指導的目的是幫助我們保持與耶穌的接觸，作為真友誼的鑰匙……藉著友誼的方法，屬靈指導尋求指引我們深入上帝與我們自己的雙重奧祕中。」(1982:47)	• 方法可以鼓勵 • 與上帝親密 • 更深的靈性課題 • 了解人的自我 • 在師徒關係中的親密
勒柏利斯 **(Jean Laplace)**	「指導的定義就是一個人給予另一個人的幫助，使他能夠在他的信仰中實現自己。」(1988:26)	• 在師徒關係的處境下完成指導 • 師傅鼓勵徒弟的自我意識 • 師傅為徒弟負責任的靈命成長營造氣氛
李卓 **(Kenneth Leech)**	「這是一種藝術，包括幫助人明辨聖靈在我們生命中的運行，協助我們順服這運行，這是困難的工作；並在忠心要求我們作出重大的生命抉擇時，提供支援。」(李卓論屬靈指導思想的撮要，Henri Nouwen 1977:vi)	• 屬靈指導 • 提供對上帝作為的明辨力 • 負責任和激勵 • 鼓勵 • 容許發現與上帝親密的親密關係
梅頓 **(Thomas Merton)**	「屬靈指導的整個目標是貫穿人生命的表層，窺見他向世界展	• 屬靈指導 • 培養徒弟的真摯 • 顯露靈性的更深層面

	現出來、習慣的姿勢與態度的外表背後;並帶出他內在屬靈的自由,他最深處的實情,就是我們稱為在他的心靈中基督的樣式。」(1960:16)	• 衝擊行動與態度 • 有助發現屬靈身分 • 需要師傅的坦率和明辨力
畢德生 (Eugene Peterson)	「這是在歷史上稱為心靈醫治的牧養工作。……心靈醫治就是以聖經指導,藉禱告塑造的關懷,獻給個人或小組,集中在主要的事情上。……心靈醫治是培養意識,發覺上帝已採取主動。……在我們出現在舞台上,意識到我可以有所作為之前,上帝已經勤奮、救贖和有策略地作工。」(1989:66~69)	• 屬靈指導 • 是建基於聖經的 • 是在禱告的態度中塑造的 • 是在個人或小組中完成 • 認出上帝在徒弟身上已經臨在的作為 • 尋求聆聽上帝在徒弟生命中已作成的工 • 需要師傅的明辨力和對聖靈的靈敏性

附錄三

基督教經典作品中的歷史時間線

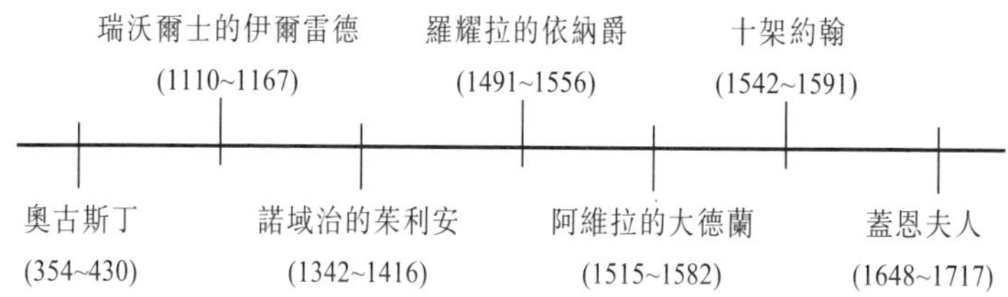

經典基督教作家	屬靈導引的觀點	焦點
奧古斯丁	「我的監護人對我來說已經足夠……從你命令我服事的人中,我發現的不是過去的我,而是現在和將來的我。但我不審判自己。因此,我會得蒙垂聽。」(Weber 1994:130)	奧古斯丁對本書的貢獻可參第三章「開始得好的藝術:吸引力」。當我們試圖挑戰師傅跟從這聖人的智慧:「用你的生活方式吸引他們」時,奧古斯丁的洞見設定了基調。
瑞沃爾士的伊爾雷德	「我們在這裏。你與我,我盼望還有第三——基督自己——同在。既然沒有其他人在此騷擾我們,敞開你的心,讓我聆聽你要說的話吧。」(Laker 1977:51)	我們在第四章討論十二世紀這位屬靈友誼的典範「發展信任和親密:關係」。伊爾雷德的觀點,就是認為屬靈師徒關係,需要提供一個賓至如歸的空間。

諾域治的茱利安	「我完全真誠地說，所有我們無盡的友誼、我們的崗位、我們的生命和我們的存有都在上帝裏面。」(Weber 1994:386)	第七章「屬靈導引的目標：加力」談論諾域治的茱利安是適當的。因為這位復原力強的婦人，在黑暗中指示她的徒弟，為國度的服事，認出自己獨一無二的聲音。
羅耀拉的依納爵	「因為正如散步、遠足和跑步是身體操練，任何預備和清理我們心靈，拋棄所有紊亂的污染的方法，都可以稱為屬靈操練；並且，在清除之後，為我們心靈的得救，要在我們生命的秩序中，尋求和發現上帝的旨意。」(Ganss 1991:121)	第六章「恩典的操練：負責任」的注意力集中在羅耀拉的依納爵身上。他的操練給予歷久常新的指導，協助師傅在屬靈師徒關係上要求徒弟負責任。
阿維拉的大德蘭	「一個人可以跟那些談及這內在堡壘的人交談，不單接近那些看似在這些房間的人，更接近那些被公認已經更接近中心的人，是何等奇妙的事。跟後者交談，對他有很大的幫助，他可以與他們交談那麼多，足以讓他們帶	第五章「受教的靈：積極回應」是從大德蘭的洞見而來的基本焦點。「七間房間」或「居所」的祈禱行動，指導師傅如何引導徒弟經過禱告的不同階段，為要培養對聖靈的內在工作有更積極的回應。

	引他到他們所在之處。」(Kavanaugh & Rodriguez 1980:300)	
十架約翰	「這些導師應該反映,在此事上,他們不是主要的心靈代理人、嚮導和推動者,而主要的嚮導是聖靈,他絕不會忽視靈魂;這些人是指導他們邁向完全的工具——透過信心和上帝的律法,根據上帝給予每個人的心靈。」(Kavanaugh & Rodriguez 1979:627)	第五章也表達了十架約翰的思想。在他順服阿維拉的大德蘭的導引上,他的生命反映了這章關於「積極回應」的精髓。我們也提出約翰「心靈的黑夜」的禱告行動,作為一個模範的例子,為要在徒弟裏面創造對聖靈工作的積極回應。
蓋恩夫人	「歷代以來人類都習慣藉著對外在軀體敷上一些藥物來醫治人,但事實上,疾病是在內在深處的。為甚麼縱使經過那麼多努力,皈依者仍然基本上沒有改變?因為位高權重之人只是處理他們生命中外在的事務。其實有一個更好的方法:直接進入內心!……教導信徒在自己心裏尋求上帝。」(G. Edwards 1975:121)	政治和教會領袖尋求蓋恩夫人的指導,因為她有能力創造一個安全的空間,讓屬靈的尋求者可以學習明辨上帝的指導。為這緣故,她配得到在第四章「發展信任和親密:關係」中,與瑞沃爾士的伊爾雷德並列的地位。

附錄四

發展個人的時間線

這些建議取材自甘陵敦的「職事時間線」。在甘陵敦的《領袖興起的理論》(*Leadership Emergence Theory*, Altadena, Calif.: Barnabas, 1989) 一書中,可以看見一位新晉領袖的進程,沿著職事時間線的詳細分析。這個練習的目標是容讓新晉領袖分析自己的發展進程。重大事件的定義是關鍵的關係,在個人發展上證實是有模塑作用的經驗或環境。

第一階段 根基		第二階段 成長			第三階段 焦點		第四階段 匯聚			
A →	B →	A →	B →	C →	A →	B →	A →	B →	C →	→

第一階段:根基

A.至高的根基:品格、性格和價值觀的初期塑造

B.領導力的轉移:發現職事和呼召感的第一步

第二階段:成長

A.暫時的:初次嘗試全職事奉的指派

B.成長:運用已知的恩賜,發現角色的傾向和領導的焦點

C.勝任:執行在角色上配合恩賜的職事;身分的問題浮現

第三階段:焦點

A.角色轉移:移向與恩賜、角色、熱情和呼召的和諧共處

B.獨特性:從屬靈權柄的基礎,發揮有獨特果效的領導

第四階段:匯聚

A.特殊的引導:轉移任務,集中在留傳下來的東西

B.匯聚:對命運的感覺的實現

C.餘輝:完滿結束產生的影響的餘輝;屬靈權柄

建立個人時間線的步驟

1.畫一條水平線,把出生日期放在最左邊,現在的日子放在最右邊。

2.記下你開始全職或雙職事奉的日子。

3.在出生日期和開始職事的日期之間,記上重大的事件(第一階段)。

4.在你的日記中,回顧這「根基」階段的重大事件。

5.在開始職事和現在的日子之間,記上重大的事件。

6.在這第二階段,記上不同的職事「時期」或經驗。

7.在你的日記中,回顧這階段中的重大事件和職事時間。

8.用上述的時間線,分析你發展的進程。

9.建立一份清單,列出在你時間線的故事中出現的共同主題。

10.和一位屬靈師傅回顧你的時間線主題。

附錄五

屬靈導引的建議書目

Aelred of Rievaulx (1977) — *Spiritual Friendship.* Translated by Mary Eugenia Laker. Kalamazoo, Mich.: Cistercian.

Allen, Joseph J. (1994) — *Inner Way: Toward a Rebirth of Eastern Christian Spiritual Direction.* Grand Rapids, Mich.: Eerdmans.

Barry, William A., and William J. Connolly (1983) — *The Practice of Spiritual Direction.* New York: Seabury.

Biehl, Bob (1996) — *Mentoring: Confidence in Finding a Mentor and Becoming One.* Nashville: Broadman and Holman.

Clinton, J. Robert (1989) — *Leadership Emergence Theory. Altadena,* Calif.: Barnabas.

—— (1991) — *The Mentor Handbook. Detailed Guidelines and Helps for Christian Mentors and Mentorees. Altadena,* Calif.: Barnabas.

Coombs, Marie Theresa, and Francis Kelly Nemeck (1984) — *The Way of Spiritual Direction. Collegeville,* Minn.: Liturgical.

Edwards, Tilden (1980) — *Spiritual Friend: Reclaiming the Gift of Spiritual Direction.* New York: Paulist.

Engstrom, Ted, and Norman B. Rohrer (1989) — *The Fine Art of Mentoring*. Brentwood, Tenn.: Wolgemuth and Hyatt.

Fleming, Daniel J., S. J. (1996) — *Draw Me Into Your Friendship: The Spiritual Exercises.* St. Louis: The Institute of Jesuit Sources.

Foster, Richard J. (1988) *Celebration of Discipline.* 2nd ed. New York: Harper & Row.

—— (1998) *Streams of Living Water: Celebrating the Great Traditions of Christian Faith.* San Francisco: Harper.

Gratton, Carolyn (1992) *The Art of Spiritual Guidance: A Contemporary Approach to Growing in the Spirit.* New York: Crossroad.

Guenther, Margaret (1992) *The Art of Spiritual Direction.* Cambridge, Mass.: Cowley.

Guyon, Jeanne (1975) *Experiencing the Depths of Jesus Christ.* Edited by Gene Edwards. Beaumont, Tex.: Seed Sowers.

Hart, Archibald (1996) *How to Find the Help You Need. Grand Rapids,* Mich.: Zondervan.

Hausherr, Irene (1990) *Spiritual Direction in the Early* Christian East. *Kalamazoo,* Mich.: Cistercian.

Hendricks, Howard, and Bill Hendricks (1995) *As Iron Sharpens Iron.* Chicago: Moody Press.

Houston, James M. (1983) Introduction to Bernard of Clairvaux, *The Love of God,* and Aelred of Rievaulx, *Spiritual Friendship.* Portland, Ore.: Multnomah Press.

Ignatius of Loyola (1991) *The Spiritual Exercises and Selected Works.* Edited by George E. Ganss. New York: Paulist.

John of the Cross (1979) *The Collected Works.* Translated by Kieran Kavanaugh and Otilio Rodriguez. Washington, D.C.: Institute of Carmelite Studies, 1979.

Johnson, Ben Campbell (1991) *Speaking of God: Evangelism as Initial Spiritual Guidance.* Louisville, Ky.: Westminster John Knox.

Jones, Alan W. (1982) *Exploring Spiritual Direction.* New York: Seabury.

Jones, Cheslyn, Geoffrey Wainwright and Edward Yarnold, eds (1985)	*The Study of Spirituality*. New York: Oxford University Press.
Kelsey, Morton T. (1995)	*Companions on the Inner Way*. New York: Crossroad.
Kelly, Thomas R. (1969)	*A Testament of Devotion*. San Francisco: Harper.
Laplace, Jean (1988)	*Preparing for Spiritual Direction*. 3rd ed. Chicago: Franciscan Herald.
Leech, Kenneth (1977)	*Soul Friend: The Practice of Christian Spirituality*. San Francisco: Harper & Row.
Merton, Thomas (1960)	*Spiritual Direction and Meditation*. Collegeville, Minn.: Liturgical.
Nouwen, Henri J. M. (1997)	*Adam: God's Beloved*. Maryknoll, N.Y.: Orbis, 1997.
Peterson, Eugene H. (1989)	*The Contemplative Pastor: Returning to the Art of Spiritual Direction*. Dallas: Word.
Stanley, Paul, and J. Robert Clinton (1992)	*Connecting. The Mentoring Relationships You Need to Succeed in Life*. Colorado Springs: NavPress.
Teresa of Avila (1976 ~ 1985)	*The Collected Works*. 3 vols. *Translated by Kieran Kavanaugh and Otilio Rodriguez*. Washington, D.C.: Institute of Carmelite Studies.
—— (1995)	*Perfect Love: The Meditations, Prayers and Writings of Teresa of Avila*. Edited by Trace Murphy. New York: Doubleday, 1995.
Weber, Timothy P., ed. (1994)	*The Treasury of Christian Spiritual Classics*. Nashville: Thomas Nelson.
Willard, Dallas (1998)	*The Divine Conspiracy: Rediscovering Our Hidden Life in God*. San Francisco: HarperSanFrancisco.

緊扣時代　服事教會

以文字傳揚基督真道

讀者意見表

衷心多謝你購買本社書籍。本社一直致力以出版事工服事教會，幫助信徒扎根於神的話語，促進靈命增長。為使我們的出版更能滿足你的需要，請填寫下列各項資料，並寄回或傳真予本社。

所購書籍：________________

本書最吸引你的地方：

□作者　□適切性　□文筆　□設計　□實用性

□其他：________________

購買本書地點：

□基道書樓　□基督教書店　□非基督教書店

性別：□男　□女　職業：________________

信仰：□基督徒　□非基督徒

年齡：□16歲或以下　□17～25歲　□26～35歲

□36～55歲　□56歲或以上

學歷：□中三或以下　□中五　□預科

□大學　□研究院

□我欲更多了解基道出版社的事工及考慮支持，請寄給我下列資料：

□機構簡介　□新書資料　□基道會員通訊

□《基道文字事工通訊》

姓名：________________電話：________________

地址：________________

____

傳真：________________　電子郵件：________________

其他意見：________________

____

多謝賜教！

意見表可以傳真（2687-0281）或直接郵寄以下地址：
香港沙田火炭坳背灣街26號富騰工業中心1011室
基道出版社編輯部收